재밌어서 밤새 읽는

국보
이야기

1

재밌어서 밤새 읽는

국보
이야기
1

몰라서 알아보지 못했던 국보의 세계

이광표 지음

더숲

일러두기

1. 2024년 5월부터 문화재 체제가 국가유산 체제로 변경되는 〈국가유산기본법〉이 시행됨에 따라 이 책에서도 '문화재'를 '문화유산'으로 바꾸어 표기하고, 현재의 '문화재청'은 '국가유산청'을 괄호 안에 넣어 병기하였습니다. 단, 당시 상황을 서술하는 문장에서는 '문화재청'으로 표기하였습니다.
2. 이 책에 실린 사진의 출처는 책의 말미에 있는 '국보 및 문화유산 사진 목록'에 사진이 실린 쪽수와 함께 밝혀두었습니다.
3. 독자들에게 좀 더 다양한 정보를 제공하기 위해 제2권의 맨 뒤에 '국보 목록'을 실었습니다. 이 책에 실린 국보의 경우 국보 목록에 해당 쪽수를 표기했습니다.

머리말

　2023년 한 해 동안 국립중앙박물관을 찾은 관람객이 418만 명을 넘었다. 국립중앙박물관을 비롯한 13개 소속 박물관(국립경주박물관, 국립전주박물관, 국립부여박물관 등)의 전체 관람객 수는 1,047만 명이었다. 2023년 서울의 4대 궁궐(경복궁, 창덕궁, 창경궁, 덕수궁)과 종묘, 조선 왕릉을 찾은 관람객은 1,419만 명이었다. 박물관과 궁궐·왕릉 모두 관람객 최다 신기록을 세운 것이다. 요즘 박물관과 궁궐에 가면 남녀노소, 한국인·외국인 가릴 것 없이 늘 사람들로 붐빈다. 박물관과 궁궐은 이렇게 우리 시대의 가장 '핫'한 문화여가 공간으로 자리 잡았다.

　이처럼 문화유산에 대한 관심이 부쩍 높아졌다. 박물관과 미술관을 찾는 사람도 많이 늘었고 문화유적을 답사하거나 문화유산에 대해 이런저런 공부를 하는 사람도 많아졌다. 문화유산에 대한 관심은 사회가 발전하고 경제 여건이 나아지면서 나타나는 현상이다. 그래서 문화유산과 박물관을 즐기는 트렌드를 '선진국형 문화'라고 부르기도 한다.

2024년 5월부터 국가유산이란 개념이 도입된다. 국가유산은 크게 문화유산·무형유산·자연유산으로 나뉜다. 이 책에서 다루는 것들은 대부분 유형(有形)의 문화유산에 해당한다. 문화유산은 정부나 지방자치단체가 국보, 보물, 사적 등으로 지정해 관리한다. 국보는 우리 전통문화유산 가운데 최고의 명품으로 꼽히는 것들이다. 따라서 국보는 전통문화의 상징이기도 하다.

문화유산이라고 하면 고리타분하고 어렵다고 생각하는 사람들이 적지 않다. 문화유산을 과거의 박제화된 흔적으로만 여겨 진정한 가치를 제대로 향유하지 못하기 때문이다. 문화유산 하나하나의 내력과 의미를 알고 나면 이보다 더 흥미진진하고 생생한 이야깃거리가 어디 있을까 하는 생각이 들 것이다. 그건 옛 사람들의 삶을 이해하고 그들의 뛰어난 문화예술을 경험하는 것이기도 하다.

국보와 문화유산의 흥미로운 세계로 독자 여러분을 안내하기 위해 《재밌어서 밤새 읽는 국보 이야기》를 썼다. 이 책을 통해 국보를 중심으로 우리 문화유산의 이모저모를 흥미롭고 입체적으로 소개하려고 한다.

먼저 1권 '몰라서 알아보지 못했던 국보의 세계'에서는 국보를 둘러싼 갈등과 논란, 여러 국보에 담겨 있는 아름다움과 감동적인 스토리, 국보에 얽힌 다채로운 미스터리를 다룬다. 2권 '잃어버린 보물을 찾아서'에서는 국보에 관련된 각종 사건사고(도난, 훼손, 조작 등), 국보의 보수·보존과 복원, 국보급 문화유산의 해외 유출과 귀환, 국보와 문화유산을 기증한 사람들의 스토리 등을 살펴본다.

이처럼 다채로운 내용을 통해 문화유산의 의미와 가치를 이해하고 그 매력과 감동에 빠져보길 기대한다. 조금만 더 신경을 쓰고 찬찬히 들여다보면 문화유산이 훨씬 더 매력적으로 다가올 것이다. 나태주 시인은 〈풀꽃〉이란 시에서 "자세히 보아야/ 예쁘다//오래 보아야/사랑스럽다"고 노래했다. 우리 문화유산도 그렇다.

2024년 봄
이광표

차례

제1장

국보 여행의 시작,
국보 만나는 법 알기

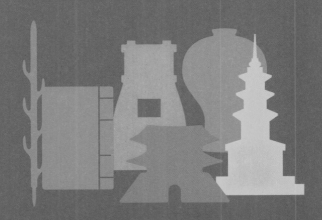

국보란 무엇인가?

1

△ ◠ □

문화유산이란 옛사람들이 남긴
유형·무형의 삶의 흔적

우리는 모두 내력을 갖고 산다. 그것을 누군가는 '과거'라고 부르고 누군가는 '역사'라고 부른다. 과거 없는 현재는 없고 역사와 내력이 없는 인간이나 사회도 없다. 그렇다면 우리는 그 과거와 역사를 어떻게 만나고 어떻게 경험할 수 있을까. 과거와 역사는 어디에 존재하는 것일까. 바로 문화유산이다.

문화유산은 옛사람들이 남긴 삶의 흔적이다. 그 흔적들은 무척 다양하다. 시대에 따라, 장소에 따라 전혀 다른 양상을 보여 주기도 한다. 그럼에도 중요한 공통점이 있다. 과거와 역사를 이해하고 경험하는 렌즈가 된다는 사실이다.

국보는 말 그대로 국가의 보물, 즉 대한민국의 보물이다. 우리나라에서 가장 가치 있는 전통 문화유산을 말한다. 국보와 보물을 이해하려면 먼저 문화유산의 개념을 간략하게 알아둘 필요가 있다.

문화유산은 옛사람들이 남긴 삶의 흔적이다. 그 흔적에는 건물, 그릇, 책, 그림 등이 있고 이것은 모두 손으로 잡을 수 있는 것들이다. 또한 노래와 무용, 철학과 사상처럼 손으로 잡을 수 없는 무형의 문화유산도 포함된다.

여기에서 문화유산의 개념을 넓은 의미와 좁은 의미로 나눌 수 있다. 방금 말한 '옛사람들이 남긴 유형·무형의 삶의 흔적'이 넓은 의미의 문화유산이라면 국가(정부)나 지방자치단체(광역시와 도)가 직접 관리하는 문화유산들은 좁은 의미의 문화유산이다. 국보·보물·사적·자연유산(천연기념물)·무형문화유산 등은 좁은 의미의 문화유산에 해당한다. 그런데 국보와 보물은 손으로 만질 수 있는 유형문화유산만을 대상으로 한다.

국보는 여러 문화유산 가운데 특히 '역사적·학술적·예술적 가치가 큰 것, 제작 연대가 오래되고 그 시대를 대표하는 것, 제작 의장이나 제작 기법이 우수해 그 유례가 드문 것, 형태·품질·용도가 현저히 특이한 것, 저명한 인물과 관련이 깊거나 그가 제작한 것' 등을 대상으로 한다.

대한민국의 국보가
처음 지정된 것은 언제일까

우리의 문화유산이 국보라는 이름을 부여받기 시작한 것은 1955년. 그러나 국보의 역사는 일제강점기로 거슬러 올라간다.

일제는 1933년 〈조선보물고적명승천연기념물보존령〉이라는 법령을 공포하고 1934년부터 조선의 문화유산을 조사해 보물·고적·명승·천연기념물로 나누어 지정하기 시작했다. 첫 지정은 1934년 8월 27일에 있었다. 일제는 보물 153건, 고적 13건, 천연기념물 3건을 지정했다. 당시 보물 1호는 경성 남대문(숭례문), 보물 2호는 경성 동대문(흥인지문), 보물 3호는 경성 보신각종이었다.

당시 일제는 조선의 국보를 지정하지 않았다. 국권을 상실하고 일제 식민지가 된 조선은 국가가 아니며, 따라서 조선의 국보는 있을 수 없고 일본의 국보가 곧 식민지 조선의 국보라는 것이 그 이유였다. 이는 일제가 우리 문화유산의 가치를 의도적으로 폄하한 것이고 동시에 국권을 잃어버린 우리나라의 비애였다.

일제가 지정한 보물 등 지정문화유산은 광복 후 그대로 계승되었다. 1955년 정부는 '국보 고적명승천연기념물보존회'를 발족했고 그해 보존회는 일제가 지정했던 보물 가운데 북한에 있는 것을 제외한 나머지를 국보로 바꾸었다. 이때 지정된 국보는

숭례문 전경

367건, 고적은 106건, 고적 및 명승은 3건, 천연기념물은 116건으로, 당시 국보 제1호는 서울 남대문(숭례문), 국보 제2호는 서울 동대문(흥인지문), 국보 제3호는 서울 보신각종이었다.

이어 1962년 1월 10일 〈문화재보호법〉을 제정하면서 1955년 지정한 국보를 국보와 보물로 나누어 다시 지정했다. 그러나 애초에 일제가 지정했던 문화유산에 대해 별도로 재평가를 실시한 것은 아니었다. 이에 따라 서울 남대문이 국보 제1호, 서울 동대문이 보물 제1호가 되었다. 그리고 1962년 1월 지정번호제가 시행된 후 59년이 흐른 2021년 11월 국보와 보물의 지정번호를 폐지해 국보 숭례문, 보물 흥인지문으로 공식 명칭이 바뀌었다.

숭례문은 국보인데
흥인지문은 왜 보물일까?

국보와 보물은 어떻게 다를까

국보와 보물 등의 지정번호가 폐지되기 전까지 우리나라의 국보 제1호는 숭례문, 보물 제1호는 흥인지문이었다. 그런 만큼 그 둘은 우리에게 매우 익숙하다.

여기에서 문득 이런 궁금증이 생긴다. 숭례문은 국보인데 흥인지문은 왜 보물일까. 모두 조선 시대 한양 도성의 성문이고 모양도 비슷한데 왜 하나는 최고 등급의 국보가 되고 다른 하나는 그보다 등급이 낮은 보물이 되었을까. 또한 국보와 보물은 과연 무엇이고 어떤 차이가 있는걸까, 숭례문은 언제 어떻게 국보(국보 1호)로 지정되었을까. 숭례문과 흥인지문의 미학과 가치는 어떻게 다를까. 무심하게 넘어갈 수 있는 사안이지만, 이

숭례문 현판

옹성으로 둘러싸인 흥인지문

에 대해 조금만 더 의문을 가져본다면 재미있는 이야깃거리를 발견할 수 있다.

국보 숭례문과 보물 흥인지문의 비교를 통해 국보·보물과 문화유산이 우리에게 어떤 존재인지, 어떤 의미가 있는지에 대해 생각해볼 수 있을 것이다.

국보 숭례문과
보물 흥인지문의 차이

조선 시대 한양 도성의 남쪽 문이었던 숭례문과 동쪽 문이었던 흥인지문. 모양도 비슷하고 용도도 비슷한데 왜 각각 국보와 보물로 지정되었을까. 둘의 차이를 들여다보자.

첫째, 숭례문은 조선 초 1398년에 건립되어 1447년 수리를 거쳐 오늘에 이르렀으며, 현존 도성 건축물 중 가장 오래되었다. 흥인지문은 조선 말 1869년에 새로 지은 건축물이다. 따라서 제작 연대가 400여 년 앞서는 숭례문이 역사적으로 더 가치가 있다.

둘째, 건물의 아름다움 면에서 숭례문은 장중하면서도 절제와 균형의 아름다움을 지니고 있는 반면, 흥인지문은 과도하게 장식과 기교에 치중한 느낌이 있다. 그런 이유로 절제미와 균형미를 갖춘 숭례문이 한국 건축의 전형적인 미학에 더욱 가깝다고 평가받는다.

숭례문의 다포식 공포

셋째, 숭례문은 다포식(多包式) 공포*를 지니고 있는데, 이는 고려 시대의 주심포식에서 조선 시대의 다포식으로 넘어가는 전통 목조 건축의 변화상을 잘 보여준다. 이와 달리, 흥인지문은 이미 다포식이 정착한 조선 말기의 것이다. 따라서 한국 전통 목조건축의 공포 변화상을 보여준다는 점에서 숭례문이 더 가치 있다고 할 수 있다.

◆ 공포(栱包)=건물의 처마와 기둥 사이에 여러 개의 부재를 중첩해서 짜맞춰놓은 것. 처마
　의 하중을 분산시킴으로써 처마를 안정감있게 받쳐주기 위한 것이지만 처마를 장식하는
　효과도 매우 크다. 기둥 위에만 공포를 짜놓은 것은 주심포식(柱心包式), 기둥 위뿐만 아니
　라 기둥과 기둥 사이에 여러 개의 공포를 짜놓은 것은 다포식(多包式)이라 한다.

국보를 보는 눈

숭례문과 흥인지문의 차이를 역사적 측면, 미학적 측면, 건축사적 측면에서 비교해보았다. 언뜻 서로 비슷해 보이는 건축물인데, 이렇게 비교해보니 그 차이점이 드러난다. 그 차이점은 숭례문과 흥인지문이 가진 문화유산으로서의 가치를 평가하는데 중요한 기준이 된다. 이를 통해 다음과 같은 사실을 확인할 수 있다.

첫째, 문화유산은 제작 시기가 오래된 것이 더 가치가 있다. 그런 점에서 숭례문이 흥인지문보다 더 가치가 있는 것이다.

둘째, 한국적 미감을 대표하는 것이 더 가치가 있다. 우리 전통의 미감을 두고 '꾸밈없는 자연의 미' '화려함이나 인공적인 것을 배제한 절제의 미'라고 말하는 사람이 많다. 물론, 우리 전통미술이나 문화유산 중에 화려하고 사치스러운 것도 적잖이 존재한다. 그럼에도 자연의 미, 절제의 미, 담백함의 미라고 말하는 이유는 중국의 미나 일본의 미와 비교해보면 쉽게 이해할 수 있다.

우리 전통 미술이나 전통 미감은 중국과 일본의 그것에 비해 훨씬 담백하고 자연스럽다. 그래서 이를 한국적 미감이라고 내세우는 것이다. 이런 점을 고려해볼 때 절제미가 돋보이는 숭례문이 흥인지문보다 더 가치있는 건축물로 평가된다.

셋째, 도자기나 석탑 등 해당 장르에서 역사적·학술적으로 더 가치있고 의미있는 위치를 점하는 문화유산이 더 중요하게 평가받는다. 숭례문과 흥인지문도 마찬가지다. 숭례문과 흥인지문의 공포는 모두 다포식이다. 고려 시대의 건축물은 대부분 기둥 위에만 공포가 있는 주심포였고 조선 시대 들어서면서 다포식으로 바뀌어갔다.

그렇다면 숭례문은 우리나라 목조 건축물이 주심포식에서 다포식으로 변해가는 초기의 과정을 보여준다. 그러나 흥인지문은 다포식이 널리 퍼진 19세기에 만들어졌다. 이러한 사실을 종합해보면, 숭례문이 흥인지문보다 건축사적으로 더 가치가 있음을 확인할 수 있다.

숭례문은 국보인데 흥인지문은 왜 보물일까. 이 질문에 대한 답을 찾아가다 보면 이렇게 흥미로운 사실을 만나게 된다.

국보의 번호가
사라진 까닭

국보 순위 개념 풍토 없애기

앞서 말했듯이, 2021년 11월 국보와 보물 등의 지정번호가 사라졌다. 국보 제1호 숭례문은 국보 숭례문으로, 국보 제70호 《훈민정음해례본》은 국보 《훈민정음해례본》으로, 보물 제1호 흥인지문은 보물 흥인지문으로 공식 명칭이 바뀐 것이다. 국보나 보물뿐만 아니라 국가가 지정 관리하는 모든 문화유산(국보, 보물, 사적 등)과 자연유산(천연기념물), 무형유산의 지정번호가 사라졌다.

그럼 왜 국보와 보물 등의 번호를 없앤 것일까. 결론부터 말하면 국보, 보물의 지정번호를 단순한 번호가 아닌 순위(등수) 개념으로 받아들이는 풍토를 없애기 위해서였다. 그동안 우리는 국보 제1호를 국보 제10호나 국보 제30호보다 더 중요하게 받아들였다. 그러다 보니 국보 제1호에 과도하게 집착하는 현상이 발생해 사회적으로 논란이 되곤 했다.

국보 1호 교체 및 재지정 논란

숭례문과 국보 제1호의 인연은 1934년으로 거슬러 올라간다. 일제강점기였던 1934년 8월 일제는 조선의 보물을 지정하면서 숭례문(당시의 공식 명칭은 '경성 남대문')에 보물 제1호의 번호를, 흥인지문(당시의 공식 명칭은 '경성 동대문')에 보물 제2호의 번호를 부여했다. 당시 일제가 숭례문에 보물 1호의 번호를 부여한 것은 숭례문이 다른 보물보다 더 월등하다고 평가해서라기보다는 편의상이었다.

이후 광복이 찾아오고 1955년과 1962년 우리 정부는 국보와 보물을 지정하면서 일제가 부여했던 번호를 그대로 따랐고 그렇게 해서 숭례문은 국보 1호가 되었다.

그렇다면 국보나 보물 등의 지정번호는 왜 없앤 것일까. 그 것은 국보 1호를 둘러싼 논란 때문이었다. "숭례문이 국보 1호로 적절하지 않으니 국보 1호를 다른 문화유산으로 바꾸어야 한다"는 주장이 제기되면서 논란이 시작되었다. 그 시발점은 1990년대 중반으로 거슬러 올라간다.

첫 문민정부인 김영삼 정부는 1996년 '역사 바로 세우기 프로젝트'를 진행했다. 그 프로젝트의 핵심은 일제에 의해 왜곡된 우리 역사를 바로잡는 것이었고 그 일환으로 문화유산에 남아 있는 일제의 식민 잔재를 없애기로 했다.

그 과정에서 "숭례문이 국보 제1호로 적절하지 않으니 다른 것으로 교체하자"는 주장이 나왔다. 이러한 주장은 사회적으로 큰 이슈가 되었다. 당시 국보 제1호를 교체 및 재지정해야 한다고 주장하는 측의 의견은 이러했다.

"국보 1호는 한국 전통문화의 상징이다. 남대문(숭례문)으로는 약하다. 우리나라 대표적 문화유산으로서의 상징성이 부족하고 일제 식민지의 잔재가 남아 있다. 훈민정음이나 석굴암처럼 역사적·문화적으로 가치가 높고 세계 어디에 내놓아도 손색이 없는 문화유산으로 국보 1호를 바꾸어야 한다."

국보 제1호는 다른 국보와 차별화되는 특별한 것이어야 하는데 숭례문으로는 부족하다는 논리였다. 여기에 더해 일제강점기 때 지정한 제1호를 그대로 이어받았기 때문에 식민 잔재이고 동시에 여러 국보들 가운데 숭례문의 상징성이나 가치가 다소 부족하다고 주장했다. 국보 1호 교체론자들이 내놓은 대안은 훈민정음, 석굴암 등이었다.

이에 대해 국보 1호를 교체할 필요가 없다는 반대론자들은 이렇게 맞섰다.

"국보 1, 2, 3호의 번호는 좋고 나쁨의 순위가 아니라 단순한

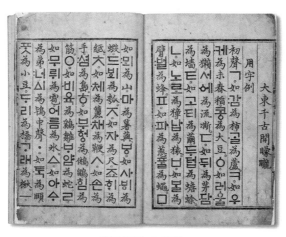

《훈민정음해례본》

순번에 불과하다. 문화유산이라는 것은 각 장르별로 개성적인 가치를 지니고 있기 때문에 우열을 매길 수 있는 성질의 것이 아니다. 이번에 국보 1호를 바꾸고 그 후 더 좋은 문화유산이 발굴되거나 발견된다면 또다시 국보 1호를 새로 지정할 것인가? 광복 이후에 우리 정부와 전문가들이 검토를 거쳐 숭례문을 국보 제1호로 정한 것이기 때문에 일제 식민 잔재라고 볼 수 없다."

양측의 의견은 팽팽히 맞섰고 논란은 그치지 않았다. 고심하던 문화재관리국(문화재청, 국가유산청)은 여론을 물어 국보 1호 재지정 여부를 결정하기로 하고 1996년 10월부터 11월까지 설문조사를 실시했다. 문화유산 전문가 144명과 일반 국민 1,000명이 설문에 참여했다. 그 결과는 반대 우세였다.

먼저 전문가들의 설문조사 결과를 보자. 설문에 응답한 전문가 가운데 59.2%가 교체에 반대했고 38.5%가 교체에 찬성했다. 일반 국민 여론조사 결과도 비슷했다. 조사 대상 가운데 67.6%가 교체에 반대했고 32.4%가 찬성했다. 이 같은 여론조사 결과를 토대로 문화재관리국은 국보 제1호를 그대로 두기로 결정했다.

국보 1호 재지정 관련 설문조사 결과(1996년)

국보 1호 교체에 반대하는 이유

▶ **전문가**
1. 문화재 지정번호는 단순 순서이지 가치 척도의 우열이 아니다.(25%)
2. 문화재에서 우열의 절대 기준은 없고 가치판단은 시대에 따라 유동적이다.(7.5%)
3. 국보 1호를 다시 지정하면 혼란이 발생한다.(7.5%)
4. 의미와 가치에 의해 국보 1호를 정한다면 앞으로도 계속 바꾸어야 한다.(6.3%)

▶ **일반 국민**
1. 남대문(숭례문)은 서울 성곽의 정문으로 건축의 역사성과 예술적 가치가 크다.(38%)
2. 이미 지정되어 있는 것을 바꿀 경우 혼란을 초래한다.(36.5%)
3. 국보 1호는 지정 순서일 뿐 가치 순서가 아니다.(10.4%)

국보 1호 교체에 찬성하는 이유

▶ 전문가

1. 남대문은 대표적 문화재로서의 상징성이 약하다.(11.5%)

2. 남대문보다 더 중요하고 역사성이 있는 문화재로 바꿔야 한다.(9.6%)

3. 국보 1호는 국가를 대표하는 상징성이 있어야 한다.(9.6%)

4. 남대문 국보 1호 지정엔 일제의 잔재가 남아 있다.(5.8%)

▶ 일반 국민

1. 남대문 국보 1호 지정은 일제의 잔재다.(43.5%)

2. 남대문은 국보 1호로서의 가치가 없다.(18.8%)

3. 남대문보다 역사적 가치가 높은 문화재가 많다.(11.4%)

새로운 국보 1호 후보

▶ 전문가

1. 훈민정음(40.4%)

2. 석굴암(34.6%)

3. 팔만대장경(1.9%), 다보탑(1.9%), 첨성대(1.9%), 규장각 소장 문서 (1.9%), 고려 직지심경(1.9%), 경복궁(1.9%)

▶ 일반 국민

1. 훈민정음(54.6%)

2. 석굴암(16.7%)

3. 팔만대장경(15.4%)

4. 다보탑(8.0%)

5. 첨성대(3.7%)

▶ 전문가

세계적이고 가장 독창적이며 과학적인 문화재다. 우리 민족의 얼과 정신이 담겨 있는 문화재다. 우리 문화의 근간을 상징한다. 특정 종교에 치우치지 않는 문화재다.

▶ 일반 국민

역사성, 창조성, 학술적 가치, 예술성, 상징성 등이 높다.

▶ 전문가

긴 역사성을 지니며 우리 민족의 정신적 이념을 표상하는 문화재다. 뛰어난 조형성과 세계 최고의 예술성 및 학술적 가치를 지니고 있다.

▶ 일반 국민

역사성, 창조성, 학술적 가치, 예술성, 기술성 등이 높다.

국보 1호 교체론이 가진 허점은?

1996년 국보 1호 교체를 둘러싼 논란이 매우 뜨거웠지만 문화재관리국과 문화재위원회는 결국 국보 제1호를 교체하지 않는 것으로 최종 결정을 내렸다. 이후 국보 1호 교체 논란은 한동안 잠잠해졌다. 그러나 2005년 또 한 차례 국보 1호를 바꿔야 한다는 주장이 일어 논란이 재연되었다. 그 후로도 여러 차례 국보 1호를 바꾸어야 한다는 주장이 제기되었다. 2016년엔 한 시민단체가 '훈민정음 국보 1호 입법 청원'을 제기하기도 했다.

왜 이렇게 자주 국보 1호 교체 논란이 일어난 것일까. 근본적인 이유는 두 가지로 요약할 수 있다.

첫째는 국보를 바라보는 시각이 서로 다르기 때문이고, 둘째는 국보나 보물의 번호가 존재하기 때문이다. 여기에서 우리가 주목해야 할 것은 두 번째다.

국보나 보물 등의 지정번호는 일제가 우리 문화유산에 편의상 붙였던 번호를 1962년 〈문화재보호법〉을 제정하면서 그대로 따른 것이다. 사실, 국보나 보물 등 국가가 관리하는 문화유산에 번호를 매긴 나라는 우리나라와 북한뿐이다. 일본의 경우 국보의 번호가 있지만 문화청의 관리용 번호일 뿐 그 번호를 대외적으로 노출하지 않고 그 누구도 번호를 사용하지 않는다.

반면 국보에 지정번호를 매겨놓은 우리의 경우 국민들이 국보의 번호를 순위 개념으로 여겨 국보들 간에 우열을 가르는 현상이 생기곤 했다. 그래서 국보 제1호가 국보 가운데 가장 중요하고 상징적이어야 한다는 생각에 사로잡히게 되었다.

그동안 국보 1호 교체론자들은 대부분 새로운 국보 1호 후보로 훈민정음을 꼽았다. 한글 훈민정음이 우리 민족을 대표하는 독창적인 문화유산이라는 사실에 어떠한 이의도 없다. 하지만 국보 1호 교체 문제로 넘어가면 모순에 직면한다.

국보 훈민정음은 엄밀히 말하면 《훈민정음해례본》이다. 훈민정음과 《훈민정음해례본》은 엄연히 다른 것이다. 훈민정음은 한글이다. 하지만 국보 《훈민정음해례본》은 훈민정음 그 자체가 아니라 훈민정음 해설서다. 교체론자들은 새로운 국보 1호로 훈민정음 자체를 생각하지만 현실에서는 그 해설서를 국보 1호 후보로 내놓았다. 모순이 아닐 수 없다. 국보는 유형문화유산만을 대상으로 하기에 무형문화유산인 훈민정음이 아니라 유형문화유산인 《훈민정음해례본》을 제시했을 것이라고 추측은 되지만, 둘의 속성은 분명 다르다.

간송미술관이 소장하고 있는 《훈민정음해례본》은 1940년 간송 전형필 선생이 거금을 주고 수집할 때 맨 앞 두 장이 떨어져 나간 상태였다. 그 후 두 장을 복원해 붙였다. 따라서 100퍼센트 온전한 상태는 아니다. 숭례문보다 더 가치가 있는 것으로 국보 1호를 교체해야 한다는 교체론자 논리를 따르면, 현재 해례본보다 더 온전한 상태의 해례본이 발견될 경우 그것으로 국보 1호를 다시 바꿔야 한다. 이 또한 자기모순이 아닐 수 없다.

국보 번호 폐지의 보완책 필요

어떻게 이 논란을 잠재울 수 있었을까. 방법은 간단했다. 국보의 지정번호를 없애는 것이다. 국보 제1호 숭례문, 국보 제70호 《훈민정음해례본》, 국보 제180호 〈세한도〉가 아니라 국보 숭례문, 국보《훈민정음해례본》, 국보〈세한도〉로 부르면 된다. 문화재청(국가유산청)에서도 2005년경부터 지정번호를 폐지하는 쪽으로 가닥을 잡기 시작했다. 그러나 지정번호 폐지가 쉽지는 않았다. 갑자기 국보나 보물 등의 지정번호를 없앨 경우, 혼란과 오해가 생길 수 있어 조심스럽게 접근해야 했다. 번호를 없애는 과정에서 국보와 보물의 가치를 객관적으로 평가해 다시 등급을 조정하는 작업도 함께 이루어져야 하는데, 이것이 워낙 복잡하다는 우려도 나왔다. 어쨌든 오랜 논의와 준비 끝에 국보와 보물 등의 지정번호를 없애기로 결정하고 법률을 개정함으로써 2021년 11월 지정번호를 폐지했다.

그런데 번호를 없앤 후 예상치 못한 불편함이 발생하고 있다. 동일한 이름의 국보를 설명하고 제시할 경우 서로 구분되지 않는다는 점이다. 예를 들어 국보 가운데 유명한 금동미륵보살반가사유상은 두 점이 있다. 국보의 번호를 없애고 나니 이 두 불상을 구별해 설명하는 것이 여간 어려운 일이 아니다.

예전에는 하나는 국보 78호 금동미륵보살반가사유상, 다른 하나는 국보 83호 금동미륵보살반가사유상으로 표기하면 쉽게 구별할 수 있었다. 그런데 지금은 그럴 수가 없게 되었다. 두 반가사유상 모두 국보 '금동미륵보살반가사유상'으로 쓸 수밖에 없다. 이런 문제를 해결할 수 있는 효과적인 보완책이 필요하다.

아는 만큼
재밌다

생활 속 국보
화폐에 등장한 문화유산 알아보기

우리나라 화폐를 보면 역사 인물과 문화유산을 디자인해 넣은 것이
많다. 현재 통용되는 5원짜리 동전, 10원짜리 동전, 1000원짜리 지
폐, 5000원짜리 지폐, 1만 원짜리 지폐, 5만 원짜리 지폐에 문화유
산이 등장한다.

우선 동전을 살펴보자. 5원짜리 동전의 앞면에 충무공 이순신의 거
북선이 디자인되어 있다. 이충무공이 임진왜란에서 사용해 왜적을
물리쳤던 거북선은 현재 그 실물이 남아 있지 않다. 5원짜리 동전에
등장하는 거북선은 관련 자료를 토대로 거북선의 모습을 추정해 디
자인한 것이다. 10원짜리 동전의 앞면에는 경주 불국사의 다보탑(국
보)이 표현되어 있다.

지폐에는 역사 인물과 문화유산이 함께 등장한다. 1000원권의 주인
공은 퇴계 이황(1501~1570)이다. 앞면에는 이퇴계의 초상과 성균관
명륜당, 매화를 디자인해 넣었다. 성균관 명륜당은 이퇴계가 젊은 시
절 학업을 연마했던 곳이다. 1000원권에 매화가 등장한 것은 이퇴
계가 매화를 대단히 사랑했기 때문이다. 매화는 이퇴계의 삶과 정신
의 상징물로 통한다.

1000원짜리 뒷면에는 겸재 정선의 〈계상정거도(溪上靜居圖)〉(1746)
가 들어가 있다. 이 그림은 이퇴계가 도산서당에서 학문에 정진하는
모습을 그린 작품이다. 그림을 보면 작은 집에 한 사람이 앉아 책을

보고 있는데 이 사람이 바로 이퇴계다. '계상정거'는 계곡 물가에서 책 읽으며 조용히 생활한다는 의미다.

5000원권에는 율곡 이이(1536~1584)가 등장한다. 앞면에는 이율곡의 초상, 이율곡이 태어나고 자란 강릉 오죽헌(烏竹軒)의 몽룡실(夢龍室)과 오죽(烏竹), 창호무늬가 디자인되어 있다. 신사임당과 이율곡 모두 오죽헌에서 태어났다. 오죽은 줄기가 검은 대나무를 말한다. 이율곡이 태어날 무렵 검은 대나무가 많이 자랐다고 해서 그곳에 오죽헌이라는 이름이 붙었다. 사군자의 하나인 대나무는 예로부터 곧은 선비정신의 상징이었다. 그 대나무 중에서도 오죽은 누런색의 황죽(黃竹)보다 귀하고 품격이 높다는 평가를 받는다. 전통 악기 대금도 오죽으로 만들면 황죽 대금보다 소리가 더 맑고 좋다고 한다.

뒷면에는 이율곡의 어머니 신사임당이 수박과 맨드라미를 그린 〈초충도(草蟲圖)〉와 조각보가 디자인되어 있다.

1만 원권의 주인공은 세종대왕(1397~1450)이다. 앞면엔 세종대왕의 초상과 〈용비어천가(龍飛御天歌)〉, 〈일월오봉병(日月五峯屛)〉이, 뒷면엔 혼천의(渾天儀), 〈천상열차분야지도(天象列次分野之圖)〉, 천체 망원경이 표현되어 있다. 〈일월오봉병〉은 조선 시대 왕의 의자(용상, 어좌) 뒤편에 세워두었던 병풍 그림을 말한다. 여기서 일월(해와 달)은 왕과 왕비를 상징하고 다섯 봉우리는 국토를 상징한다. 〈용비어천가〉는 세종 때 지은 서사시로, 조선 왕조의 창업과 번영을 노래한 작품이다. 훈민정음으로 쓴 최초의 작품으로 특히 유명하다.

뒷면의 혼천의는 혼천시계(渾天時計)에 들어 있는 지구의다. 혼천시계는 1669년 천문학자 송이영이 제작한 천문기구로, 천체의 위치와 시간을 동시에 확인할 수 있도록 고안되었다. 국보로 지정되었으며 현재 고려대학교 박물관이 소장하고 있다.

혼천시계는 우리나라 과학 문화유산 가운데 세계에 가장 널리 알려진 것이다. 영국의 유명한 과학사가인 조셉 니덤은 1980년대에 출간한 《중국의 과학과 문명》에서 혼천시계를 "세계 유명 박물관에 꼭 전시해야 할 인류의 과학문화재"라고 평가한 바 있다. 〈천상열차분야지도〉는 고구려 천문도를 표본으로 삼아 더욱 정교하게 제작한 조선 전기의 대표적 천문도다.

최고액권인 5만 원권의 주인공은 5000원권의 율곡 이이의 어머니인 신사임당(1504-1551)이다. 이렇게 어머니와 아들이 화폐에 모두 등장하는 경우는 국내외를 모두 둘러봐도 매우 이례적이다. 5만 원권의 앞면에는 신사임당 초상과 신사임당이 그린 〈묵포도도(墨葡萄圖)〉와 〈초충도〉가 디자인되었다. 뒷면에는 화가 어몽룡의 〈월매도(月梅圖)〉와 이정의 〈풍죽도(風竹圖)〉가 들어 있다. 5만 원권은 앞뒷면이 모두 조선 시대 그림으로 구성되었다.

예전에 만들어 사용했던 화폐에도 문화유산이 자주 등장했다. 우리나라 화폐 디자인의 역사에서 처음으로 문화유산이 등장한 것은 일제강점기가 시작된 직후인 1910년 12월이었다. 당시 한국은행(1911년 조선은행으로 개칭)은 1원짜리 지폐를 발행하면서 수원 화성의 화홍문을 디자인해 넣었다. 1911년 발행된 5원권엔 경복궁 광화문이, 10원권엔 창덕궁 후원의 주합루가 등장했다.

문화유산은 한동안 화폐에서 자취를 감추었다가 1949년 조선은행이 발행한 신 5원권, 신 10원권에 독립문이 들어가면서 다시 모습을 나타냈다. 이어 1950년 한국은행이 설립되면서 화폐에 문화유산이 빈번하게 등장했다. 1950~1960년대 화폐에 등장한 문화유산으로는 광화문, 원각사지 10층석탑, 거북선, 숭례문, 첨성대, 경회루, 다보탑 등이 있다.

국보 더 들여다보기

2024년 2월 현재 국보로 지정된 것은 모두 358건. 국보로 지정된 문화유산은 그 종류가 매우 다양하다. 옛사람들이 남긴 삶의 흔적이기 때문에 문화유산의 유형은 다양할 수밖에 없고 그렇다 보니 국보 또한 매우 다채롭다. 국보에 숨어 있는 다채롭고 흥미로운 면모를 살펴보자.

겉과 속이 모두 국보인 경우

경남 합천군에는 유명한 사찰 해인사(海印寺)가 있다. 해인사를 대표하는 문화유산은 팔만대장경(八萬大藏經)이다. 13세기 고려에 쳐들어온 몽골을 물리치려는 염원을 담아 제작한 팔만대장경은 그 목판이 약 8만 장이기 때문에 이런 이름이 붙었다.

8만 장이라니 참으로 놀라운 양이 아닐 수 없다.

그 어마어마한 양의 목판을 어떻게 만들었을까. 먼저, 경판에 들어갈 내용을 모아 편집한 다음 나무를 베어 다듬고 종이에 불경의 내용을 붓으로 쓴 뒤 목판에 거꾸로 붙여 칼로 새기고 교정해야 한다. 그야말로 엄청난 작업이 아닐 수 없다.

이 팔만대장경은 물론 국보로 지정되어 있다. 또한 이 8만 장의 경판을 보관하고 있는 해인사의 목조 건물 장경판전(藏經板殿) 역시 국보로 지정되어 있다. 팔만대장경은 당연히 국보로 지정할 만하다는 생각이 드는데, 그것을 보관하는 건물인 장경판전까지 국보로 지정되어 있다는 사실에 많은 사람이 고개를 갸웃거린다(자세한 내용은 제3장 중 '500년 동안 팔만대장경을 지켜낸 힘은?' 참조).

팔만대장경은 고려 시대 것이지만 이를 보관하고 있는 장경판전은 조선 시대인 15세기에 지은 목조 건축물이다. 팔만대장경에 대해 자세히는 모르더라도 팔만대장경이 중요하다는 점과 국보로서의 가치가 충분하다는 점에는 모두 고개를 끄덕인다. 그런데 나무로 만든 이 팔만대장경은 제작한 지 800년이 다 되어가는데 거의 훼손되지 않고 오늘에 이르고 있다. 만약 팔만대장경이 썩고 갈라지고 곰팡이가 슬었다면 국보로서의 지위를 누리지 못했을 것이다. 이 대목에서 장경판전 건물의 중요성이 부각된다.

무위사 극락보전

　팔만대장경을 600년 넘게 완벽하게 보존해오고 있는 장경판
전 건물이 아니었다면 팔만대장경은 우리에게 전해지지 못했
을 것이다. 팔만대장경의 영광은 장경판전 건물의 덕분이다. 그
래서 장경판전 건물이 국보로 지정될 수 있었다. 이 장경판전
건물은 국보에 그치지 않고 유네스코 세계유산으로 등재되었
다. 팔만대장경 못지않게 세계에 자랑할 만한 우리의 문화유산
이다.
　전남 강진군에 있는 무위사 극락보전(極樂寶殿)도 마찬가지
다. 무위사 극락보전(1430년 건축)과 극락보전 내부에 있는 아미

무구정광대다라니경

타여래삼존벽화(1476년 제작)가 모두 국보로 지정되었다.

석탑과 그 탑 속에서 나온 유물이 동시에 국보로 지정된 경우도 있다. 경북 경주시 불국사에 가면 석가탑과 다보탑이 있다. 모두 국보로 지정되어 있다. 석가탑 속에 들어 있던 무구정광대다라니경(無垢淨光大陀羅尼經)도 국보 문화유산이다. 8세기에 통일신라에서 제작한 것으로, 세계에서 가장 오래된 목판 인쇄물로 평가받는다.

이 무구정광대다라니경이 발견된 이야기가 흥미롭다. 1966년 놀라운 일이 발생했다. 그해 8월 어느 날 밤, 한 도굴범이 불국사에 몰래 침입해 석가탑 속에 들어 있는 유물들을 훔쳐가려고 석탑을 해체하다 미수에 그쳤다. 뒤늦게 이 사실이 알려졌고 두 달 뒤인 1966년 10월에 뒤틀리고 기울어진 석가탑을 바로잡기 위해 해체 수리에 들어갔다. 그 과정에서 석가탑 속에 들어 있던 무구정광대다라니경과 28종의 사리장엄구(사리함, 구슬, 목탑 등)

가 발견되었다. 이것들은 이듬해 1967년 국보로 지정되었다.

전북 익산에 가면 왕궁리라고 하는 마을이 있다. 왕궁리라고 하니 왕궁이 있던 지역이라는 느낌이 든다. 그런데 백제의 공식적인 왕궁이라기보다는 왕궁에 버금가는 궁궐이 있던 곳이다. 익산에 궁궐을 조성한 사람은 백제의 무왕(武王, 재위 600~641)이다. 궁궐은 모두 사라지고 터만 남아 있는데 이 지역에 왕궁리 5층석탑이 서 있다. 이 석탑을 두고 백제 때 세운 것인지, 통일신라 말에서 고려 초에 세운 것인지를 놓고 의견이 엇갈린다.

익산 왕궁리 5층석탑은 1997년 국보로 지정되었다. 이 속에서 나온 사리장엄구 9종(순금제 금강경판, 유리 사리병 등)은 이보다 한참 앞선 1966년 국보로 지정되었다. 이 사리장엄구는 1965년 왕궁리 5층석탑을 해체·수리할 때 발견되었다.

석가탑과 여기에서 나온 무구정광대다라니경, 왕궁리 5층석탑과 여기에서 나온 사리장엄구는 모두 국보의 영광을 누리고 있다. 그중 무구정광대다라니경과 사리장엄구들은 원래의 위치인 탑에서 떠나 박물관으로 옮겨져 보관되고 있다.

원래의 일부만 남아
국보가 된 경우

국보로 지정된 조선 시대 자격루(自擊漏)가 있다. 자격루는 조선 시대의 물시계로, 예전의 1만 원짜리 지폐 앞면에 세종대왕

초상화와 함께 들어가 있었다. 이 자격루는 오랫동안 서울의 덕수궁 경내에 전시되어 있었으나 2018년부터 대전의 국립문화재연구소로 옮겨 보수·보존 처리를 진행했다.

사실 우리가 보아온 이 자격루는 자격루 전체 모습이 아니다. 자격루를 구성하는 일부(크고 작은 물그릇, 물의 눈금을 재는 시보장치 물통)다. 자격루는 원래 조선 세종 때인 1434년에 과학자 장영실(蔣英實)이 개발한 우리나라 최초의 최첨단 자동시계다(자

창경궁 자격루 누기

세한 내용은 제3장 중 '디지털 자동 물시계 자격루의 작동 원리' 참조).

　세종시대의 자격루는 원래 경회루 남쪽 보루각에 있었지만 지금은 남아 있지 않다. 국보로 지정된 지금의 자격루는 중종 때인 1536년에 만든 것의 일부 부품이다. 그렇기에 국보로 지정된 자격루는 실제로 작동하지 않는다.

　그런데도 그동안에 이것을 자격루라고 불러 오해를 가져왔다. 이에 대한 지적이 일자 당시 문화재청(지금의 국가유산청)은 최근에 자격루의 공식 명칭을 '자격루 누기(漏器)'로 바꾸었다. 자격루를 구성하는 물항아리 부품이라는 뜻이다.

　경북 경주시에 가면 신라의 태종 무열왕릉이 있다. 태종 무열왕 김춘추(金春秋, 604~661)는 삼국통일 위업의 기초를 닦은 인물이다. 무열왕릉 앞에 국보 태종무열왕비(661년 제작)가 서 있는데, 이것도 자격루와 비슷한 사례다. 이곳에서 무령왕릉비를 보면 '왕의 비가 왜 이렇게 작지?'라는 의문이 든다. 비의 몸체는 사라지고 받침돌과 머릿돌만 남아 있기 때문이다. 현재 우리가 볼 수 있는 것은 거북 모양의 받침돌 위에 용 모양의 머릿돌을 올려놓은 모습이다.

　태종 무열왕릉비의 받침돌을 보면 거북이 목을 곧추세우고 앞으로 힘차게 발을 뻗고 있는 모습을 매우 역동적으로 표현해 놓았다. 머릿돌에는 좌우 3마리씩 모두 6마리의 용들이 서로 뒤엉켜 여의주를 받들고 있는 모습이다. 전체적으로 사실적이면서 생동감이 넘치는 조각으로, 당시 삼국을 통일한 신라인들의 기상을 엿볼 수 있는 고대 탑비 조각의 명품이다.

국보 한 건에 여러 점의 문화유산

국보 한 건마다 한 점의 문화유산이 지정되어 있는 건 아니다. 어떤 경우엔 수십 점의 문화유산이 한 건의 국보로 지정되어 있기도 하다. 앞에서 살펴본 국보 익산 왕궁리 5층석탑 사리장엄구는 순금제 금강경판(金剛經板)과 유리 사리병 등 9종을 포함한다.

국보 석가탑 사리장엄구는 무구정광대다라니경과 금동제 사리함 등 28종이 포함되어 있다. 또한 국보 합천 해인사 고려각판은 묘법연화경, 금강반야밀경 등 28종으로 되어 있고, 국보 흑석사 목조아미타여래좌상 및 복장유물은 불상, 전적(典籍), 직물 등 18종으로 되어 있다. 우리에게 익숙한 국보인 도기 기마인물형 명기는 한 쌍으로 되어 있다.

이처럼 여러 점의 문화유산이 한 건의 국보를 구성하는 경우도 적지 않다. 앞에서 대한민국의 국보를 모두 358점이라고 표현하지 않고 358건이라고 한 것도 이런 까닭에서다. 358건이지만 문화유산 낱개로 치면 358점보다 훨씬 많다.

한 건에 속하는 국보들이나 동종의 국보라고 해서 모두 한 장소에 보관되어 있는 건 아니다. 서로 다른 장소에 흩어져 있다는 말이다. 국보 《조선왕조실록》이 대표적이다. 《조선왕조실록》은 현재 서울의 서울대학교 규장각 한국학연구원, 부산의 국가기록원 역사기록관, 강원도 평창의 국립조선왕조실록박물관, 서울의 국립중앙박물관, 경기도 성남시의 한국학중앙연구원 등에서 소장하고 있다.

국보 《삼국유사》는 서울대학교 규장각 한국학연구원, 서울 연세대학교 박물관과 개인이 소장하고 있다. 국보 토우장식 항아리는 모두 2점으로 국립중앙박물관과 국립경주박물관이 한 점씩 나누어 관리하고 있다.

국보 〈동궐도(東闕圖)〉 2점도 한 점은 서울의 고려대학교 박물관에, 다른 한 점은 부산의 동아대학교 석당박물관에 각각 나뉘어 보관되어 있는데 그 스토리가 흥미롭다. 먼저 주목받은 것은 동아대학교 박물관 소장품으로, 1975년 보물(당시 보물 596호)로 지정되었다. 이어 고려대학교 박물관 소장품이 1989년에 국보로 지정되면서 동아대학교 박물관 소장품을 능가하는 국보의 영예를 차지했다. 이후 1995년 동아대학교 박물관의 〈동궐도〉가 국보로 승격되면서 고려대학교 소장품과 한 건의 국보로 지정되었다.

〈동궐도〉는 경복궁의 동쪽에 있는 궁궐, 즉 창덕궁과 창경궁을 그린 기록화다. 평행 사선 구도로 동궐의 웅대한 모습을 세세하게 표현해놓아 궁궐을 그린 기록화 가운데 단연 최고작으

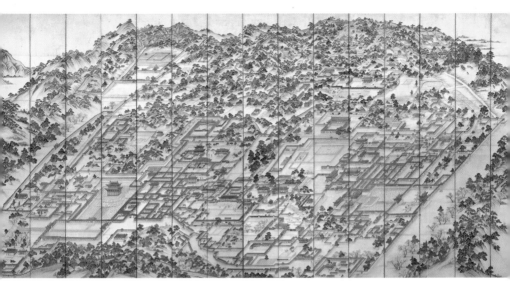

동아대학교 석당박물관 소장본 〈동궐도〉

로 꼽힌다. 작품 자체의 아름다움도 뛰어나지만 조선 후기 궁
궐 건물의 배치와 조경 등을 연구하는 데 있어 더없이 소중한
자료다.

고려대학교 박물관의 〈동궐도〉와 동아대학교 석당박물관의
〈동궐도〉는 그 내용이나 화풍이 거의 똑같다. 차이가 있다면 고
려대의 것은 16개의 화첩으로 구성되어 있고 동아대의 것은 병
풍으로 되어 있다는 점. 고려대의 것을 보면 각각의 화첩은 6면
으로 접도록 되어 있다. 이를 접으면 하나의 화책(畵冊)이 된다.
이 각각의 화첩을 펼쳐 서로 이어놓으면 가로 584센티미터, 세로 273센티미터에 달하는 대작 〈동궐도〉가 완성된다. 동아대의 〈동궐도〉도 원래 이러한 모습이었지만 후대에 누군가가 병풍으로 만들었을 가능성이 짙다.

이 〈동궐도〉는 누가 언제 그렸는지, 구체적인 기록이 남아 있지 않다. 작품의 수준이나 규모로 보아 당시의 직업 화가였던 화원(畵員)들이 그렸을 것으로 추정된다. 제작 시기는 〈동궐도〉에 나오는 건물과 그 건물의 실제 존재 기간을 비교해볼 때 1824년에서 1830년 사이라는 것이 전문가들의 대체적인 견해다. 1824년 화재로 소실된 경복전(景福殿)이 그 터만 그려져 있고 1830년 불에 타 사라진 환경전(歡慶殿)·경춘전(景春殿)·양화당(養和堂)은 그림에 등장하기 때문이다.

제 짝을 잃어버린 국보

국보 중에는 원래 한 쌍으로 만들어졌으나 지금은 서로 떨어져 오랜 세월 홀로 외롭게 남아 있는 것들이 있다. 가장 대표적인 경우가 국보 원주 법천사지 지광국사탑(法泉寺址 智光國師塔, 1070~1085년 건립)과 국보 원주 법천사지 지광국사탑비(1085년 건립)다. 모두 고려 시대의 승려 지광국사(984~1070년)와 관련된 석조 문화유산으로, 지광국사탑은 지광국사의 사리를 모신 승탑(부도浮屠라고 부르기도 함)이고 탑비는 지광국사의 공적을 기록한 비다.

여기에서 잠깐 법천사지의 용어에 대해 알아보자. 법천사지의 한자 표기는 '法泉寺址'이고 지(址)는 터를 의미한다. 즉 법천사 터에 있는 지광국사의 승탑이라는 뜻이다.

지광국사탑은 국내에 전해오는 승탑 가운데 가장 화려하고 아름답다. 지광국사탑비는 맨 위에 왕관 모양의 머릿돌을 얹은 모습인데 이러한 모습이 신선하고 매력적이다. 지광국사탑과 탑비는 모두 강원도 원주시 법천사에 있었다. 법천사는 통일신라 때인 8세기 초 법고사(法皐寺)라는 이름으로 창건되었으나 후에 법천사로 바뀌었고 언젠가 절 자체가 사라져버렸다. 건물들이 없어지고 지광국사탑과 탑비만 남게 되었다.

세월이 흘러 일제강점기였던 1911년경 일본인들은 법천사 터에 남아 있던 지광국사탑에 눈독을 들었다. 지광국사탑을 서울로 빼돌린 뒤 1912년 일본의 오사카로 불법 반출했다. 그 후 천만다행으로 지광국사탑이 반환되었으나 원래 자리인 법천사 터로 돌아가지 못하고 서울 경복궁에 자리 잡게 되었다. 이런 연유로 국보 지광국사탑과 국보 지광국사탑비는 서로 제 짝을 잃게 되었고, 지광국사탑비만 원래 자리에 홀로 남아 법천사 터를 지키고 있다(자세한 내용은 2권의 제2장 중 '법천사지 지광국사탑, 113년 만의 설레는 귀향' 참조).

짝을 잃어버린 또 다른 국보로 강릉 한송사지 석조 보살좌상(고려 10세기경)을 들 수 있다. 이것은 강원도 강릉시의 한송

국보 한송사지 석조보살좌상   보물 한송사지 석조보살좌상

사 터에서 출토된 대리석 보살좌상이다. 이 보살상은 1912년
일본으로 불법 반출되었다가 한일간 문화재 반환협정에 따라
1966년 돌려받은 것이다. 한송사지 석조 보살좌상은 우선 대리
석 재질이라는 점에서 매우 이색적이다. 우리나라의 석조 불상
은 대부분 화강암으로 만들었고 대리석으로 만든 경우는 거의
없다. 게다가 이 불상은 길쭉한 원통형 보관(寶冠)을 쓰고 있어
외형에서도 참으로 독특하다. 이런 모습의 불상은 거의 만나기
어렵다. 길쭉하면서도 통통한 장방형(직사각형) 얼굴, 콧날 끝이
휘어진 매부리코, 붉게 칠한 흔적이 남아 있는 입술 등 전체적

으로 매우 이색적이라는 느낌을 지울 수 없다.

그런데 이 불상과 조각 수법이 흡사한 석조 불상이 있다. 보물로 지정된 강릉 한송사지 석조 보살좌상이다. 눈치챘겠지만 이 국보와 보물은 이름도 서로 똑같다. 보물인 보살좌상은 머리와 팔이 부서져 없어졌지만 조각 수법으로 보아 국보 보살좌상과 매우 비슷하다. 보물로 지정된 이 석불은 한송사가 없어진 후 강원도 명주군 구정면 어단리에 있었으나 강릉시청 등을 거쳐 1992년 지금의 위치인 강릉시 오죽헌·시립 박물관으로 옮겨졌다.

전문가들은 이 두 석불이 한송사에 있었을 때 한 쌍이었을 것으로 추정한다. 이 추정에 따르면 국보 한송사지 석조 보살좌상은 지혜의 상징인 문수보살(文殊菩薩), 보물 한송사지 석조 보살좌상은 자비의 상징인 보현보살(普賢菩薩)을 가리킨다. 전문가들은 이에 대한 근거로 한송사라는 절의 이름이 원래 문수사였다는 점, '문수와 보현의 두 석상이 이 절의 땅에서 솟아났다'는 기록이 남아 있는 점 등을 들고 있다.

앞에서 소개했던 석가탑과 여기에서 나온 무구정광대다라니경, 왕궁리 5층석탑과 여기에서 나온 사리장엄구도 서로 헤어진 경우라고 할 수 있다.

언제 국보 지정을 해제할까?

국보로 지정되었다고 해도 이후 국보로서의 가치를 상실하거나 기타 특별한 사유가 발생하면 문화재위원회의 심의를 거쳐 지정을 해제할 수 있다. 해제 사유는 대개 문화유산이 훼손된 경우, 또는 도난품이거나 가짜로 밝혀진 경우 등이다. 1962년 〈문화재보호법〉이 제정된 이후 국보가 해제된 것은 모두 세 차례.

첫 번째는 1996년 국보 274호였던 귀함(거북선) 별황자총통(龜艦別黃字銃筒)이 국보의 지위를 박탈당한 일이다(자세한 내용은 2권의 제1장 중 '거북선 총통 사건으로 본 가짜 문화유산 발굴 조작의 전말' 참조).

두 번째는 국보에서 해제되어 보물로 등급이 격하된 경우다. 2010년 8월 국보 278호 이형 좌명원종공신녹권(李衡 佐命原從功臣錄券) 및 함(보관상자)이 보물 1657호로 격하 조정되었다. 국보 232호 이화 개국공신녹권(李和 開國功臣錄券), 국보 250호 이원길 개국원종공신녹권(李原吉 開國原從功臣錄券)처럼 이미 국보로 지정된 조선 시대 개국공신녹권이 있는데 이형 좌명원종공신녹권이 이들에 비해 역사적 가치가 떨어진다고 판단했기 때문이다.

세 번째는 2020년 6월 국보 제168호였던 백자 동화매국무늬병(白磁銅畵梅菊文瓶)이 중국의 도자기로 밝혀져 국보에서 해제된 경우다. 동화매국무늬는 구리[銅]가 주성분인 안료로 매화와 국화 무늬를 그려넣었다는 뜻이다.

이 백자 동화매화국화무늬병이 국보로 지정된 것은 1974년 이었다. 그러나 2000년대 들어 형태·크기·기법·무늬 등으로 볼 때 조선 전기의 백자가 아니라 중국 원나라 때의 백자일 가능성 이 높다는 지적이 나오기 시작했다. 특히, 조선 전기에는 동화 를 활용한 사례가 거의 없다는 것이 주요 근거로 제시되었다. 이런 견해가 계속 이어지자 문화재청(국가유산청)과 문화재위원 회는 도자기 전문가들의 논의를 거쳐 2020년 이 백자를 국보에 서 해제했다. 물론 외국의 문화유산이라고 해도 우리의 역사 속 에서 중요한 위치를 점하고 있다면 국보나 보물로 지정할 수 있 다. 그러나 이 백자 동화매화국화무늬병은 ①출토지나 유래에 서 우리나라와의 연관성이 불분명하고 ②같은 종류의 도자기 가 중국에 상당수 남아 있어 희소성이 떨어지며 ③작품의 수준 도 낮기 때문에 국보로서의 자격이 없다고 판단했다.

제2장

보면 볼수록 빠져드는
국보의 아름다움

죽은 자의 영혼을 위로하는 기마인물형 토기

△ ◠ □ ・ _____

신라인은 왜 한 쌍을 무덤에 넣었을까?

말 탄 사람을 형상화한 기마인물형 토기는 우리에게 친숙하다. 실물을 직접 보지는 못했다고 해도, 사진이나 복제품, 기념품으로 많이 보았을 것이다.

국보로 지정된 이 토기의 공식 명칭은 도기 기마인물형 명기(明器)다. 6세기 신라에서 만든 것으로 1924년 경주 금령총(金鈴塚)에서 금관과 함께 출토되었다. 이처럼 그릇, 악기, 생활 용구 등을 실물보다 작게 모형처럼 만들어 죽은 이의 무덤에 함께 묻은 것을 명기라고 한다.

도기 기마인물형 명기 역시 무덤에서 나왔다. 무덤에서 나왔

도기 기마인물형 명기

으니 당연히 무덤에 묻힌 사람들을 위한 부장품이다. 말을 타고 있다는 건 말을 타고 편안하게 저승에 당도하라는 기원을 표현한 것이다. 죽은 자의 영혼을 위로하고 죽은 자의 영생을 기원하는 신라인들의 마음이 담겨 있는 상징적인 유물인 셈이다. 그런데 이 명기는 한 쌍으로 되어 있다. 신라 사람들은 명기를 왜 한 쌍으로 만들어 무덤에 넣은 것일까.

한 쌍 모두 다리가 짧은 조랑말 위에 사람이 올라앉아 있고 말 엉덩이 위에는 등잔이 붙어 있으며 앞가슴에는 물을 따르는 부리가 나와 있다. 그 한 쌍을 잘 들여다보면 하나는 크고 다른 하나는 약간 작다. 큰 것은 사람과 말의 장식이 화려하고 작은 것은 그 장식이 단순하다.

크고 장식이 화려한 것이 주인을 표현한 토기이고, 상대적으로 작고 단순한 것이 하인을 표현한 토기다. 주인상은 높이 23.4센티미터에 길이 29.4센티미터, 하인상은 높이 21.3센티미터에 길이 26.8센티미터로 신분의 차이를 말 탄 사람의 크기로도 나타낸 것이다.

말 탄 사람 가운데 주인상은 삼각 모자를 쓰고 다리 위로는 갑옷을 늘어뜨렸다. 말 몸통의 장니(障泥, 말을 탄 사람의 옷에 흙이 튀지 않도록 말의 안장에 매달아 늘어뜨리는 장비)도 하인 것에 비해 훨씬 정교하고 선도 더 아름답다. 등에는 전대(纏帶)까지 차고 있다. 아마 저승 가는 데 필요한 노자(路資)가 들어 있는 건 아닐까.

이에 비해 하인상은 장식이 단순하다. 머리에 수건을 동여매고 웃통을 벗은 차림으로 등에 짐을 지고 오른손에 방울을 들고 있다. 주인을 모시고 저승길로 잘 안내해야 하니 옷차림이 당연히 일하는 복장이다. 상의는 거추장스러우니 아예 벗어젖혔다. 하인은 또 오른손으로 방울을 흔들며 방울소리를 내고 곡(哭)을 할 것이다. 주인의 저승길을 무사하게 안내하며 외롭지 않게 하기 위함이다.

이 토기는 6세기 신라인들의 복식과 마구(馬具), 무기 등을 잘 보여준다. 동시에 그들의 영혼관이나 장례풍속도 엿볼 수 있다. 특히 주인상의 전대, 하인상의 방울 등이 재미있게 다가온다. 그런데 곰곰 생각해보면 그냥 재미있다고 말해버리기엔 너무

나 생생하다. 생생한 차원을 넘어 살아남은 자들의 심리를 절묘하게 표현했다고 할까. 아마도 유가족들의 마음이었으리라.

도기 기마인물형 명기가 나온 금령총에선 금관과 배 모양 토기도 함께 나왔다. 금관이 왕 또는 왕족의 부장품이라는 점으로 미루어 말을 타고 있는 주인공은 왕 또는 왕족의 한 명일 것이다. 그런데 금령총의 금관은 관테 지름이 16.5센티미터 정도에 불과하다. 어른의 것으로 보기엔 다소 작은 편이다.

따라서 금령총이 왕실의 무덤이었다면 아마도 왕자의 무덤일 가능성이 높다. 어린 왕자는 왜 세상을 떠났을까 하는 궁금증과 더불어 어린 왕자를 떠나보내야 하는 사람들의 애끓는 심정을 조금이나마 짐작케 한다.

삼국시대 무구와 마구 연구의 중요한 자료

신라와 가야의 무덤에서는 오리, 새, 말 탄 사람, 배, 집, 수레바퀴, 짚신, 등잔, 뿔 모양처럼 특정 대상의 모습을 형상화한 토기가 많이 나왔다. 이런 것들을 상형(象形)토기라고 한다. 상형토기들을 자세히 보면 그 표현 대상이 교통수단이나 이동수단인 경우가 많다. 신라와 가야 사람들은 왜 이렇게 이동수단을 토기로 형상화해 무덤에 함께 묻었던 것일까.

배나 수레나 말을 타고 또는 짚신을 신고 천상의 세계, 즉 저승으로 무사히 당도하기를 기원하는 마음을 담았기 때문일 것이다. 새나 오리 모양의 토기도 마찬가지다. 새와 오리처럼 훨훨 날아 저승에 무사히 당도하라는 기원, 죽은 자의 영혼을 천상으로 무사히 인도해주길 바라는 기원, 그리고 그곳에서 영생을 누렸으면 하는 기원을 담은 것이다.

국보 도기 기마인물형 뿔잔도 국보 도기 기마인물형 명기와 비슷하다. 출토지가 정확하게 알려지지 않았으나 전문가들은 5세기 가야에서 만든 것으로 추정한다. 이 역시 무덤에 부장된 토기였을 가능성이 높다. 죽은 자의 영혼을 저승으로 인도해주길 바라는 고대인들의 종교관·죽음관·영혼관을 보여주는 소중한 토기가 아닐 수 없다.

도기 기마인물형 뿔잔은 나팔 모양의 받침대 위에 말 탄 사람이 올라가 있는 형태다. 말 탄 사람을 눈여겨보니 갑옷을 입었고 머리에 투구를 썼다. 오른손에는 창을, 왼손에는 방패를 들었다. 말 탄 주인공은 영락없는 무사(武士)다.

그런데 도기 기마인물형 뿔잔은 도기 기마인물형 명기와 좀 다르다. 우선 전체적인 형태에서 차이가 난다. 잔의 모양도 다르다. 기마인물형 뿔잔을 보면 무사의 뒤쪽 말의 엉덩이 부분에 한 쌍의 뿔잔(각배, 角杯)이 올라가 있다. 이와 달리 기마인물형 명기의 경우, 물잔은 등잔 모양으로 되어 있다. 기마인물형 뿔잔은 물을 따르는 부리가 없는데, 이것도 기마인물형 명기와의

도기 기마인물형 뿔잔

차이점이다.

기마인물형 뿔잔에서 가장 두드러진 점은 말 탄 무사의 복식과 마구가 기마인물형 명기보다 훨씬 더 상세하게 표현되어 있다는 것이다. 무사의 투구와 갑옷, 목을 보호하기 위해 두르는 경갑(頸甲), 방패와 창, 말의 갑옷(마갑, 馬甲) 등 무구(武具)와 마구가 매우 자세하다. 갑옷의 표면에도 무늬가 정교하게 채워져 있다.

그렇기에 기마인물형 뿔잔은 삼국 시대의 무구 및 마구 연구에 대단히 중요한 자료로 평가받고 있다. 특히 실물이 전하지 않는 삼국 시대 방패를 연구하는 데 매우 중요한 역할을 하는 유물이다. 이 뿔잔이 나온 무덤의 주인공은 생전에 실제로 말타기를 즐기고 전쟁을 많이 치렀던 무사였을 것이다.

도기 기마인물형 뿔잔은 대구 지역에서 의사로 활동했던 컬렉터 이양선 선생이 국립경주박물관에 기증한 것이다(자세한 내용은 2권의 제4장 '국보 기마인물형 뿔잔 내놓은 의사 이양선' 참조).

백제의 미소, 서산 용현리 마애여래삼존상

2

△ ⌂ □

커다란 바위에 새겨진
불상들의 미소

충남 서산시에 있는 용현리 마애여래삼존상(磨崖如來三尊像). 백제 시대 6세기 말에서 7세기 초에 조성된 이 불상은 현재 국보로 지정되어 있다. 예전에는 흔히 서산 마애삼존불이라고 불렀다.

사실 불상은 이해하기가 쉽지 않다. 편안함이나 아름다움보다는 불교의 의미나 상징성이 무겁게 다가오기 때문이다. 그런데 서산 용현리 마애여래삼존상은 전혀 그렇지 않다. 얼굴 표정도 그렇고 불상 3구의 배치나 포즈가 모두 편안하다.

가운데에 석가여래(釋迦如來)가 자리 잡았고 왼쪽에 제화갈라

서산 용현리 마애여래삼존상

보살입상(提華褐羅菩薩立像), 오른쪽에 미륵보살반가상(彌勒菩薩
半跏像)이 있다. 가장 먼저 눈길을 사로잡는 것은 불상들의 얼굴
표정이다. 가운데에 위치한 본존불 석가여래는 사각형 얼굴을
하고 있는데 제법 통통하다. 눈은 크고 뚜렷하며 살짝 벌린 입
으로 복스러운 미소를 짓고 있다. 코는 큼직하고 볼도 살짝 튀
어나왔다. 아주 잘생긴 얼굴은 아닌데도 보고 있으면 참으로 기
분이 좋다.

이 석가여래의 미소를 사람들은 언제부턴가 '백제의 미소'로

불러왔다. 왼쪽의 제화갈라보살은 수줍은 듯 부끄럽게 웃고 있고, 오른쪽의 미륵보살은 별 생각 없는 소년처럼 천진난만하게 웃고 있다. 미륵보살의 표정에선 약간의 장난기도 엿보인다.

모두 순진하지만 그래도 가운데의 석가여래가 가장 의젓한 것 같다. 커다란 바위 앞에 서서 저 불상들의 미소에 화답하다 보면 동네 이웃 얼굴처럼 불상을 만들어도 되는 것인지 의문이 들 정도다. 엄청난 파격이라고 생각하지 않을 수 없다.

제화갈라보살과 미륵보살은 본존불 좌우에 배치하는 협시불이다. 왼쪽의 제화갈라보살은 서 있고 오른쪽의 미륵보살은 앉아 있다. 이런 자세는 매우 이색적이다. 두 보살의 위치도 다소 자유분방하다. 석가여래를 중앙에 두고 좌우 보살의 간격이 조금 다르다. 격식에 구애받지 않고 자유롭게 표현하려고 한 것이 아닐까.

용현리 마애여래삼존상의 조각술은 단정하면서도 세련되었다. 바위를 도드라지게 새긴 부조(浮彫)의 정도나 전체적인 표현이 매우 단정하다. 더하지도 덜하지도 않은 중용(中庸)의 아름다움이다.

백제인들이 서산과 태안 지역에 마애불을 조성한 까닭

마애불(磨崖佛)은 바위에 새긴 불상이다. 한반도에서 마애불은 6세기 말에서 7세기 초 백제 시대에 서산과 태안반도 지역에서 처음 조성되었다. 용현리 마애여래삼존상에서 가까운 곳인 태안에도 국보로 지정된 백제 시대의 마애불(태안 동문리 마애삼존불입상)이 있다. 어쨌든 마애불은 6~7세기 백제에서 시작해 통일신라, 고려를 거쳐 19세기 조선 시대 말까지 1,300여 년 동안 꾸준히 이어졌다.

그렇다면 1,300년 전 백제 사람들이 이곳 서산과 태안 지역에 마애불을 조성한 까닭은 무엇일까. 6세기 말 백제는 고구려 장수왕의 남진(南進) 정책과 신라의 한강 진출로 인해 한강 유역을 고구려와 신라에 빼앗겼다. 당시 한강은 중국으로 향하는 중요한 통로였다. 한강을 빼앗겼다는 것은 중국과의 교역로를 잃어버렸음을 의미한다. 백제는 그 대안을 찾아야 했다. 그래서 충남 서해안 지역을 통해 중국과 교역하기 시작했다.

태안은 중국의 산둥(山東)반도와 가장 가까운 곳이다. 당시 백제인들은 이곳을 거쳐 중국으로 들어갔다. 그리고 이곳을 거쳐 다시 백제 땅으로 돌아왔다. 백제인들은 바로 이 길목에 마애불을 조성한 것이다. 산둥반도와 한반도를 오가는 백제인들의 안녕과 평안을 위해서였다.

마애불은 사찰에 있는 불상과는 여러모로 다르다. 마애불은 절 밖으로 나온 불상이다. 바위에 불상을 조각해야 하니 바위가 위치한 절 바깥에 조성할 수밖에 없다. 절 밖으로 나왔다는 것은 불교적 교리의 틀에 갇혀 있지 않다는 것을 뜻한다. 그래서 굳이 엄숙할 필요도 없고 지나치게 성(聖)스러울 필요도 없다. 마애불이 사찰의 불상처럼 엄숙하지 않고, 때로는 서툴고 때로는 거칠게 만들어진 것도 이 때문이다.

불교적이되 불교에 국한되지 않는 마애불. 마애불은 이렇게 한반도 사람들의 일상적인 토속 신앙과 깊은 관련을 맺고 있는 셈이다. 서산 마애여래삼존상의 편안하고 온화한 미소도 이러한 맥락에서 이해할 수 있다.

41년 만에 보호각 철거, 그제야 드러난 마애불의 진면목

이 백제의 미소를 한동안 제대로 감상하지 못했던 적이 있다. 목제 보호각 때문이었다. 목제 보호각은 비바람으로부터 마애불을 보호하기 위해 1965년에 세운 것이다. 그런데 예상치 못한 문제가 발생했다. 보호각과 암벽 접합 부위의 시멘트가 빗물에 녹아내리면서 바위를 뿌옇게 변색시키기 시작했다.

또한 목제 보호각 속에 마애불을 가둬놓다 보니 통풍이 제대로 이뤄지지 않아 내부에 습기가 차고 불상에 이슬이 맺히는 등 마애불의 보존 관리에 역효과를 초래하고 말았다.

더 심각한 문제는 보호각이 관람을 방해한다는 사실이었다. 보호각 내부가 어두침침해 마애불의 아름다운 미소를 제대로 감상할 수 없게 된 것이다.

그런 상태로 세월이 흘렀고 한국 마애불의 최고 명작인 이 불상의 진면목을 느낄 수 없는 상황에 이르렀다. 제대로 볼 수 없으니 그 매력을 느낄 수 없고, 제대로 느낄 수 없으니 사랑하는 마음도 생기지 않는 악순환이 반복되었다.

이 같은 지적이 끊이지 않자 문화재청(국가유산청)과 서산시는 2006년 보호각 가운데 기둥과 지붕만 남겨놓고 벽체와 문을 모두 철거했다. 그 후 자연 채광과 통풍이 가능해졌다. 서산 마애여래삼존상이 41년 만에 다시 햇살을 보게 된 것은 정말 다행스러운 일이었다.

하지만 기둥과 지붕만 남은 보호각은 그 모습이 어색해 마애여래삼존상의 경관을 해치는 또 다른 문제점을 낳았다. 이에 따라 문화재청은 2007년 기둥과 지붕까지 모두 철거했다. 마애여래삼존상을 보호하기 위해 보호각을 설치한 지 40년 만의 일이다. 목제 보호각을 철거한 것은 참으로 잘한 일이다. 그제야 사진과 영상으로만 보던 그 멋진 백제의 미소를 현장에서 제대로 감상할 수 있게 되었다.

보호각을 걷어내니 마애여래삼존상 바로 옆이 무시무시한 낭떠러지라는 것이 확연히 드러났다. 마애여래삼존상 왼쪽 위에는 보호각을 설치했던 구멍도 보인다. 그것은 어찌 보면 하나의 상처라고 할 수 있지만 이제는 그 상처마저 마애여래삼존상의 역사와 스토리가 되었다.

하지만 보호각을 걷어냄으로써 마애여래삼존상은 다시 비바람, 눈보라와 직면하지 않을 수 없게 되었다. 조금씩 표면이 훼손될 수도 있다. 그건 안타까운 일이지만 그럼에도 마애불은 야외에 있어야 한다. 그것이 마애불의 본질이다. 어쩌면 그것이 석가여래와 보살들의 뜻일지도 모른다. 그렇기에 부처님과 보살님은 비바람과 눈보라를 기꺼이 감내할 것이다.

살짝 땀 흘려 계단을 돌아 오르면 갑작스레 나타나는 가파른 절벽, 시원한 바람이 불고 투명한 햇살이 비추는 그곳에 서면 순진무구한 미소가 우리를 맞이한다. 햇살이 눈부신 날도 좋고 비 내리는 날도 좋다. 마애여래삼존상, 백제의 미소를 만나고 나면 마음이 한없이 깨끗하고 가벼워진다. 다른 데서 경험할 수 없는 특별한 행복이다.

국보의 이름은 어떻게 지을까?
국보 이름 구성법 이해하기

문화유산 이름에 한자가 많이 들어가다 보니 문화유산이 더 어렵게 느껴진다. 최근엔 국보와 보물 등의 문화유산 이름을 좀 더 쉽고 편하게 이해할 수 있도록 한자 사용을 줄이고 쉬운 한글로 풀어쓰려고 한다. 하지만 그런 노력에도 불구하고 국보나 보물의 이름은 어렵다. 특히 가장 어렵고 헷갈리는 것이 도자기의 이름이다.

전문가들이 도자기 이름을 붙이는 데에는 그 순서가 있다. '자기의 종류+무늬 표현방법+무늬 종류+그릇의 모양' 순으로 붙인다. 고려청자 가운데 가장 유명한 청자 상감구름학무늬 매병(靑磁象嵌雲鶴文梅瓶)을 예로 들어보자. 이름은 청자(제작방식에 따른 자기의 종류)+상감(무늬 표현방법)+구름학무늬(무늬의 종류와 내용)+매병(그릇의 모양이나 용도)으로 이뤄져 있다. 그 순서에 따라 이것은 상감기법으로 구름과 학(운학) 무늬를 표현한 매병(입구가 좁고 어깨가 넓으며 밑이 갸름하게 생긴 병) 모양의 청자라는 의미다. 이것을 쉽게 정리해보면 청자 상감 구름학무늬 매병이 된다.

백자 철화포도무늬 호(白磁鐵畵葡萄文壺)를 보자. 이것은 백자(제작방식에 따른 자기의 종류)+철화(무늬 표현방법)+포도무늬(무늬의 내용)+호(그릇의 모양)로 이뤄져 있다. 이 뜻을 풀어보면 흑갈색 철사 안료(철화)로 포도무늬를 그려넣은 항아리(호)가 된다. 이것을 좀 더 쉬운 말로 정리해 쓰면 백자 철화포도무늬 항아리가 된다.

청자나 백자에 무늬가 없을 경우에는 무늬 표현방법과 무늬의 종류를 빼버리면 된다. 청자 오리모양 연적(靑磁鴨形硯滴)을 보면, 청자(제작방식에 따른 자기의 종류)+오리모양 연적(형태와 용도)으로 이뤄져 있다.

경주의 고분에서 발굴된 도기 기마인물형 명기(陶器騎馬人物形明器)를 보자. 이것은 도기+기마인물형+명기로 이뤄져 있다. 여기서 도기는 한 번 구운 그릇으로 토기와 같은 의미다. 기마인물형은 말을 탄 사람의 모습이라는 뜻이다. 명기는 죽은 자를 위하여 무덤에 부장하는 그릇을 뜻한다.

야외에 있는 문화유산은 기본적으로 맨 앞에 그 문화유산이 위치하고 있는 지역을 써준다. 서울 원각사지 10층석탑, 경주 불국사 다보탑, 부여 정림사지 5층석탑, 익산 미륵사지 석탑, 구례 화엄사 각황전 앞 석등, 영주 부석사 조사당 등이 그러한 경우다. 그런데 이 탑들의 명칭을 눈여겨보면 차이점을 발견하게 된다. 어떤 경우는 원각사지·정림사지·미륵사지로 되어 있고 어떤 경우는 불국사·화엄사·부석사로 되어 있다. '지(址)'라는 글자가 있고 없음의 차이다. 여기서 '지'는 터를 뜻한다.

원각사지는 원각사터, 정림사지는 정림사터를 의미한다. 이는 절이 없어지고 터만 남아 있기 때문이다. 따라서 원각사지 10층석탑은 원각사는 사라지고 그 터에 남아 있는 10층석탑이라는 뜻이다. 원각사터 10층석탑, 정림사터 5층석탑이라고 부르기도 한다. 불국사·화엄사·부석사는 절이 그대로 남아 있기 때문이 '지'를 붙이지 않는다.

무령왕 부부의 관장식,
그 같음과 다름

1,400여 년 긴 잠에서
우연히 깨어난 무령왕릉

1971년 7월 5일, 충남 공주시의 백제 송산리 고분군(古墳群) 5, 6호분 주변에서 장마 피해를 막기 위한 배수로 공사가 일주일째 계속되고 있었다. 여름철이 되어 많은 비가 내리면 빗물이 무덤 안으로 새어 들어가는데 이를 막기 위한 배수로 공사였다. 장맛비가 시작되자 인부들은 작업을 서둘렀다. 그런데 한 인부의 삽 끝에서 '쨍' 하는 금속성 소리가 났다. 오래된 벽돌 하나가 삽날에 걸린 것이다.

많은 위대한 발굴이 그렇듯 무령왕릉(武寧王陵)의 발견 역시 우연이었다. 벽돌무덤 무령왕릉은 그렇게 우연히 1,400여 년의

공주 무령왕릉

긴 잠에서 깨어났다. 발굴 결과, 무덤은 무령왕 부부의 합장묘로 확인되었다. 무령왕은 백제 25대 왕(재위기간 501~523년). 무령왕릉은 그동안 발굴이 이뤄진 삼국 시대 고분 가운데 유일하게 주인공이 확인된 왕릉이다. 신라 왕릉의 경우, 주인공이 누구인지 대략 추정은 가능하지만 명확하게 밝혀줄 만한 단서는 발견되지 않았다. 그래서 주인공 대신 금관이나 천마도 등 출토 유물에 따라 무덤의 이름을 붙여야 했다. 금관총, 천마총이라는 이름도 그렇게 붙은 것이다.

무덤에서는 왕과 왕비의 금제 관(冠)장식, 금제 뒤꽂이, 금제 목걸이와 귀걸이, 목제 베개와 발받침, 금동제 신발, 청동거울,

무덤을 지키기 위한 용도로 제작된 석수(石獸, 돌짐승), 무덤 조성 경위를 기록한 지석(誌石) 등 5,000여 점의 유물이 쏟아져 나왔다. 6세기 웅진(공주의 옛 이름) 시대 백제의 정치·사회·문화상을 보여주는 귀중한 유물들로, 국보로 지정된 것만 12점에 이른다. 백제 고고학의 최대 성과라고 할 만큼 중요한 발굴이었다.

무령왕은 523년 5월 세상을 떠나 525년 8월 이 무덤에 매장되었으니 2년 3개월 동안 시신을 별도의 빈소에 모셨던 것으로 추정된다. 무령왕의 시신을 무덤에 안치한 다음에는 무덤 입구를 벽돌로 완전히 막았다. 무령왕이 세상을 떠나고 3년 뒤인 526년 12월엔 왕비가 세상을 떠났다. 역시 2년 3개월 동안 빈소에 모신 뒤 무령왕 무덤의 입구를 열고 왕비의 시신을 합장했다.

세련된 조형미의 금제 관장식
백제 미술의 상징

부부묘이기에 금제 관장식, 베개, 발받침, 신발 등은 부부의 것이 함께 출토되었다. 그 가운데 간판 유물은 금제 관장식이 아닐 수 없다. 관장식은 관에 꽂았던 꾸미개, 즉 장식물로 얇은 금판을 조각칼로 예리하게 잘라내 만들었다. 이 관장식들은 세련되고 뛰어난 조형미 덕분에 백제 미술의 상징으로 평가받는다.

무령왕 금제 관장식 한 쌍(높이 각 30.7센티미터, 29.2센티미터)과

무령왕 금제 관장식

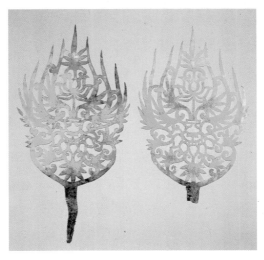

무령왕비 금제 관장식

무령왕비 금제 관장식 한 쌍(높이 각 22.6센티미터)은 각각 국보로 지정되었다. 무령왕의 금제 관장식 한 쌍을 보면, 0.2~0.8밀리미터의 얇은 금판에 넝쿨무늬(당초문)와 연꽃무늬를 표현했다. 넝쿨들이 위로 솟아오르고 맨 위에는 활짝 핀 연꽃이 자리잡고 있다. 길게 휘어져 오르는 넝쿨은 타오르는 불꽃을 연상시킨다. 두 가닥의 넝쿨을 아래쪽으로 내려뜨려 변화와 생동감을 주었다. 또한 앞면에 구슬 모양 꾸미개들을 금실로 연결해 달아 화려하게 장식했다.

맨 아래 가운데에 밑으로 튀어나온 것은 모자에 부착하는 꽂이 부분이다. 이 부분의 두께는 2밀리미터로, 넝쿨을 표현한 부분보다 두껍다. 꽂이 부분을 구부려 비단모자에 끼워 고정하기 위해 좀 더 두껍고 튼튼하게 만든 것으로 보인다.

무령왕비의 금제 관장식 한 쌍은 두께 2밀리미터의 금판을 오려 만들었다. 가운데 아래로 늘어뜨린 연꽃이 있고 그 위로 활짝 핀 연꽃 한 송이가 병에 꽂혀 있는 모습이다. 중간 윗부분의 가장자리는 불꽃무늬처럼 보인다.

무령왕비의 관장식을 왕의 것과 비교해보면 꽤 흥미롭다. 무령왕의 관장식이 화려하고 역동적인 데 반해 무령왕비의 관장식은 크기가 약간 작고 단정한 편이다. 한 송이 꽃봉오리인 듯 단아하고 간결하다. 구슬 모양 꾸미개도 달지 않았다. 지나치게 멋을 내지 않고 절제한 분위기가 역력하다. 왕의 것보다 더 화려하게 만들면 예의에 벗어난다고 생각했던 것일까. 백제 장인들이 왕과 왕비의 관장식을 만들면서 이렇게 많은 부분을 고려했다는 점에 새삼 놀라지 않을 수 없다.

왕비 관장식의 아래쪽 튀어나온 꽃이 부분은 녹이 슬어 금색이 아니라 푸른색이다. 이 부분을 금이 아니라 청동으로 만들어 접합한 것이다. 왕의 관장식은 꽃이 부분까지 모두 금으로 만들었는데, 왕비의 것은 꽃이 부분을 왜 청동으로 만들었을까. 궁금한 대목이 아닐 수 없다.

무령왕릉에서 함께 출토된 무령왕 금제 뒤꽂이도 함께 살펴보자. 이것도 국보로 지정되어 있다. 이 금제 뒤꽂이는 왕의 머리 위치에서 발견되었다. 길이는 18.4센티미터, 위쪽 폭은 6.8센티미터. 끝이 3개로 갈라진 것으로 보아 의례 때 왕의 머리 뒤쪽에 꽂았던 장식품으로 보인다. 날렵한 디자인이 은근한 멋을 뽐낸다. 1,400여 년 전에 만든 것이라기보다 마치 요즘 만든 현대 공예품 같다. 무령왕 부부의 금제 관장식과 금제 뒤꽂이를 비롯해 무령왕릉에서 나온 각종 공예품들은 백제의 아름다움을 유감없이 보여주는 걸작 중의 걸작이다.

깊은 사유와 종교적 미소, 금동미륵보살반가사유상

△ ◖ ▢

전 세계인을 매료시킨
한국미의 걸작 반가사유상

2013년 10월부터 2014년 2월까지 미국 뉴욕 메트로폴리탄 박물관에서 '황금의 나라, 신라' 특별전이 열렸다. 신라인들이 황금으로 만든 금관과 장신구를 비롯해 불상, 토기, 공예품 등 신라의 문화유산 130여 점을 선보이는 자리였다.

신라의 많은 문화유산이 관람객들을 사로잡았지만 단연 압권은 국보 금동미륵보살반가사유상(金銅彌勒菩薩半跏思惟像)이었다. 국보 번호가 폐지되기 전까지 이 반가사유상은 국보 제83호였다. 지정번호 폐지 이후의 공식 명칭은 국보 금동미륵보살반가사유상(1962-2)이다. 또 다른 금동미륵보살반가사유상(1962-

1, 옛 국보 제78호)과 구분하기 위해 연도 다음에 숫자를 넣었다. 여기서 1962는 국보로 지정된 해를 뜻한다.

미국에서 전시가 열릴 때, 미국 언론은 이 금동미륵보살반가 사유상(1962-2)을 두고 "세계적 수준의 세련미, 그 아름다움이 할 말을 잃게 만든다"고 평가했다. 세계 곳곳에서 모여든 관람 객들이 국보 83호 반가사유상에 매료된 것이다.

그런데 전시에 앞서 국보 금동미륵보살반가사유상(1962-2) 의 메트로폴리탄 박물관 전시 출품을 놓고 찬반 논란이 일었다. "세계 최고 수준의 박물관에 우리 문화재를 출품해 그 우수성을 널리 알려야 한다"는 찬성론과 "해외 전시가 너무 잦으면 우리 국보가 훼손될 수 있다. 국보 금동미륵보살반가사유상(1962-1) 은 그동안 8차례에 걸쳐 3,000일 정도 해외 전시에 출품되었기 때문에 또 해외에 나갈 경우 훼손의 우려가 크다"는 반대론이 맞섰다.

문화재위원회가 조건부로 반출을 허가했지만 얼마 뒤 문화 재청(국가유산청)은 반출 불가 결정을 내리면서 사회적으로도 큰 이슈가 되었다.

급기야 메트로폴리탄 박물관은 청와대에 "금동미륵보살반가 사유상(1962-2)을 꼭 보내달라"는 탄원편지까지 보냈다. 이런 우여곡절 끝에 결국 국보 금동미륵보살반가사유상(1962-2)은 메트로폴리탄 박물관 전시에 나갈 수 있었다. 이는 매우 흥미로

금동미륵보살반가사유상(1962-1) 금동미륵보살반가사유상(1962-2)

운 논란이었다. 그런데 반출을 허가하자는 쪽이나 반대하는 쪽
모두 근본적인 생각은 다르지 않았다. 국보 금동미륵보살반가
사유상(1962-2)이 한국미를 대표하는 걸작이라는 사실을 인정
했던 것이다.

같은 듯 다른 두 반가사유상의
매력 포인트는?

현재 전해오는 삼국 시대의 반가사유상 가운데 가장 대표적
인 것이 국보 금동미륵보살반가사유상(1962-1)과 국보 금동미

륵보살반가사유상(1962-2)이다. 두 불상은 석굴암과 함께 한국 불교 조각의 최고 걸작으로 꼽힌다.

반가사유상은 오른쪽 다리를 왼쪽 무릎에 올린 채 깊은 사색에 빠져 있는 모습이다. 한쪽 발을 올려놓았다고 해서 '반가', 깊이 생각하고 있다고 해서 '사유'라는 이름이 붙었다. 미륵보살은 56억 7,000만 년이 흐른 뒤 이 세상에 찾아와 부처가 되고 많은 중생을 구제한다고 알려진 보살이다. 미륵보살의 책임은 막중하지 않을 수 없다. 그렇기에 지금 도솔천에서 수행하면서 고뇌하고 사유하고 있는 것이다.

이 두 점의 반가사유상은 미륵보살의 이 같은 사유를 시각적으로 구현했다. 어떻게 하면 이 땅의 모든 중생들을 불교의 가르침으로 이끌지, 그들에게 어떻게 환희와 영광의 세계를 보여줄 수 있을지가 사유의 핵심이다.

두 반가사유상을 보면 한결같이 그 자태가 매우 세련되고 우아하다. 단정하면서도 절제된 아름다움이다. 오른쪽 뺨에 살짝 갖다댄 손에서 사유의 분위기가 깊이 전해온다. 국보 금동미륵보살반가사유상(1962-1, 높이 83.2센티미터)은 태양과 초승달이 결합된 모양의 보관을 쓰고 있다. 몸은 곧고 늘씬하며 우아한 곡선미를 지니고 있다. 반듯하지만 은근한 율동감이 전해온다. 어깨를 감싼 천의(天衣)는 부드럽고 경쾌하다. 얼굴은 갸름한 편이며 전체적으로 여성적이면서 장식이 화려하다.

한편, 국보 금동미륵보살반가사유상(1962-2, 높이 93센티미터)은 봉우리가 셋인 산 형태의 보관을 쓰고 있다. 금동미륵보살반가사유상(1962-1)에 비해 얼굴은 다소 풍만한 듯하고 눈, 코, 입이 좀 더 뚜렷해 보인다. 목에 두 줄의 목걸이만 있을 뿐 금동미륵보살반가사유상(1962-1)에 비해 별다른 장식이 없어 좀 더 간소하고 담백하다. 치마 주름은 사실적이어서 입체감과 생동감이 넘친다.

두 금동미륵보살반가사유상에서 특히 눈여겨보아야 할 것은 얼굴의 미소다. 그 미소는 종교적인 사유에서 나온 것이어서 보는 이를 한없는 사색에 빠져들게 한다. 미소는 오묘하고 종교적이고 성스럽다. 그런데도 인간적이고 편안하다. 보살의 인간적인 자비로움이라고 할까. 저 미소를 보고 번뇌를 가라앉히지 못할 중생이 어디 있을까. 이것이 두 반가사유상의 진정한 매력이다.

국보 반가사유상(1962-2)이 메트로폴리탄 박물관의 신라 특별전에 출품되었지만, 엄격히 말하면 신라 것인지, 백제 것인지 단정 지을 수는 없어 좀 더 치밀한 고증과 연구가 필요한 상황이다. 현재로서는 국보 금동미륵보살반가사유상(1962-1)은 삼국 시대 6세기 후반에, 국보 금동미륵보살반가사유상(1962-2)은 삼국 시대 7세기 전반에 만들어진 것으로 보는 것이 가장 합리적이다.

일본 교토의 고류지(廣隆寺)에 가면 일본의 국보로 지정된 목조 미륵보살반가사유상이 있다. 이 반가사유상은 일본을 대표하는 국보 중의 국보다. 그런데 나무로 만들었다는 점을 빼면 그 모습이 우리의 국보 금동미륵보살반가사유상(1962-2)과 거의 똑같다.

6, 7세기 당시 한국과 일본의 불상 제작 기법 및 수준이나 문화 교류 양상으로 보아 일본이 독자적으로 고류지 반가사유상을 만들었다고 보기는 어렵다. 한반도에서 만들어 일본으로 넘어갔을 수도 있고, 일본인들이 한반도 반가사유상을 보고 모방해 만들었을 수도 있다. 어느 쪽이라고 단정 지을 수는 없지만 한국과 일본 전문가 대부분은 고류지 반가사유상이 우리의 국보 금동미륵보살반가사유상(1962-2)에서 연유했다고 본다.

이 두 반가사유상은 서울 용산의 국립중앙박물관에 있다. 국립중앙박물관은 2021년 11월 '사유의 방'이라는 공간을 조성해 이전까지 독립된 전시실에서 서로 교대로 전시했던 두 반가사유상을 한 자리에서 전시하고 있다.

난간의 매력 간직한
불국사의 계단들

△⌂□ _____

청운교·백운교와
연화교·칠보교 구별법

경북 경주시 불국사의 가을 풍경 사진을 보지 않은 사람은 거의 없을 것이다. 붉게 물든 단풍나무가 위에서 아래로 늘어뜨려져 있고 그 뒤로 불국사의 정면이 보이는 바로 그 사진. 그 모습에서 가장 인상적인 것은 화려하게 장식된 계단들이다.

다름아닌 국보 청운교(青雲橋)·백운교(白雲橋)와 국보 연화교(蓮花橋)·칠보교(七寶橋)다. 모두 8세기 중반 불국사가 창건될 때 함께 만들어졌다. 이것들은 정확하게 말하면 계단이 아니라 계단으로 된 다리다. 지금은 보존을 위해 통행을 금지하고 있다.

이 다리는 불국사 내부의 대웅전과 극락전으로 연결해주는

불국사 대웅전에 이르는 청운교와 백운교   불국사 극락전에 이르는 연화교와 칠보교

통로다. 동쪽의 대웅전에 이르는 것이 청운교·백운교, 서쪽의
극락전에 이르는 것이 연화교·칠보교다.

국보 청운교·백운교로 오르면 자하문에 연결되고 이 문을 통
해 대웅전으로 들어가게 된다. 다리 아래의 사바 세계(속세, 현
실)와 다리 위의 부처 세계를 이어준다는 상징적인 의미를 지니
고 있다. 아래는 17단이고 위는 16단으로, 모두 33단이다. '푸를
청(靑)' 자가 들어 있는 청운교는 푸른 청년의 모습을, '흰 백(白)'
자가 들어 있는 백운교는 흰머리 노인을 상징한다는 말도 있다.

그렇다면 청운교는 위쪽인가, 아래쪽인가. 사람들은 늘 헷갈
린다. 대개 아래쪽을 청운교로, 위쪽을 백운교로 알고 있다. 불
국사 안내책자도 이렇게 소개하는 경우가 많다. 하지만 위쪽이

청운교, 아래쪽이 백운교다.

불국사의 역사를 기록한 오래된 문서의 하나인 《불국사고금 창기(佛國寺古今創記)》엔 돌계단 다리와 자하문의 순서를 자하 문-청운교-백운교로 기록하고 있다. 즉, 위쪽이 청운교, 아래쪽 이 백운교라는 말이다. 18세기 유생이었던 박종도 그의 기행문 《동경유록(東京遊錄)》에서 불국사를 설명하며 "윗 것이 청운교, 아랫 것이 백운교"라고 했다.

국보 연화교·칠보교는 안양문을 거쳐 극락전으로 이어주는 다리다. 세속의 사람들이 밟는 다리가 아니라 서방 극락세계를 깨달은 사람만이 오르내리던 다리라고 한다. 모두 18단으로, 아 래가 10단의 연화교이고 위가 8단의 칠보교다. 연화교·칠보교 의 높이는 청운교·백운교의 절반 정도에 불과하다. 아래쪽 연화 교에는 각 층계마다 연꽃을 조각해놓았다. 이 연꽃 조각 때문에 청운교·백운교처럼 헷갈릴 일은 없다.

난간 선들이 어울리면서
기하학적 아름다움 연출

청운교·백운교, 연화교·칠보교가 있는 불국사의 정면은 언제 나 아름답다. 그 아름다움의 비밀은 무엇일까. 여러 가지가 있 겠지만 그 비밀의 하나로 난간 장식을 들고 싶다. 불국사 정면 을 보면 청운교·백운교, 연화교·칠보교는 물론이고 축대 위에도 난간을 둘러놓았다. 가로, 세로, 수직, 수평, 사선 등 난간 석재의 선들이 어울리면서 기하학적 아름다움을 연출해낸다. 그 아름다움은 경쾌하고 날렵하다. 사찰 건축 가운데 불국사처럼 적극적으로 난간을 장식한 예는 거의 찾아볼 수 없다. 난간 장식이야말로 불국사의 고유한 특징과 매력인 셈이다.

이 난간은 기둥을 세우고 기둥과 기둥 사이를 가로로 연결해 만들었다. 난간 위쪽에 기둥과 기둥을 연결해 가로로 길게 돌려댄 부재를 돌난대라고 한다. 난간 기둥 중간에 원 모양의 구멍을 내 그곳에 원통형의 돌난대를 끼워 난간을 완성했다. 기둥의 경우, 아래는 넓고 위로 갈수록 조금씩 좁아지도록 만들어 안정감과 세련미를 보여준다.

불국사에 가면 대웅전 앞마당에서 자하문으로 나와 청운교·백운교의 난간을 한 번 내려다보기를 권한다. 난간을 내려다보면 난간의 구조가 한눈에 훤히 들어온다. 아래에서 올려다보는 것과 또 다른 멋을 느낄 수 있다. 난간과 돌난대가 연결된 부위도 자세히 보일 것이다. 돌난대를 끼운 난간 기둥의 구멍 아래에 또 다른 난간 기둥을 양각으로 돋을새김(부조, 浮彫) 해놓은 것도 흥미롭다.

건물에도 신분이 있다?

전·당·각·합·각·재·헌·루·정

궁궐을 둘러보면 여러 건물을 만나게 된다. 그런데 그 건물의 이름이 너무 다양해 헷갈리기 일쑤다. ○○전·○○당·○○각·○○합·○○루·○○정…. 어떤 경우에는 ○○전이 되고 어떤 경우에는 ○○당, ○○합이 되는 것일까. 건물의 주인공이나 용도와 형태에 따라 각기 다른 이름이 붙기 때문이다. 물론 이러한 기준이 늘 적용되는 것은 아니다. 예외적인 경우나 명확하게 그 명칭을 구분하기 어려운 경우도 적지 않다.

■ **전(殿)** : 궁궐과 사찰에서 가장 중요하고 격식이 높으며 규모가 큰 공간의 이름에 붙인다. 궁궐에서는 왕과 왕비, 대비가 사용하는 공간에 전을 붙인다. 경복궁의 근정전·강녕전, 창덕궁의 인정전, 덕수궁의 중화전 등을 들 수 있다. 사찰에서도 부처의 공간에 전을 붙인다. 대웅전·무량수전·극락전 등이 대표적이다. 전은 궁궐과 사찰 이외의 공간에서는 사용하지 않는다.

■ **당(堂)** : 전보다는 규모가 다소 작지만, 그래도 중요한 공간의 이름에 붙인다. 전이 공적인 공간이라면 당은 약간 사적인 공간이라고 할 수 있다. 궁궐에서는 세자의 생활 공간의 이름에 당을 붙인다. 경복궁의 자선당, 계조당 등이 이에 해당한다. 양반들이 자신의 개인 건물에 이름을 붙이면서 당을 사용하기도 했다. 정약용의 생가인 여유

당이 대표적이다.

■ 합(閤)과 각(閣) : 대체로 전과 당의 부속 건물로, 전과 당의 바로 옆에 위치한다. 공공 건물에 주로 사용한다. 경복궁 곤녕합, 창덕궁 규장각이 대표적이다.

■ 재(齋)와 헌(軒) : 왕실 사람의 궁궐 생활 공간에 주로 붙인다. 재는 일상적 생활 공간인 경우가 많고 헌은 업무 관련 공간인 경우가 많다. 창덕궁 낙선재, 덕수궁 정관헌 등이 대표적이다.

궁궐이 아니라 양반들의 공간에서 재는 정신을 가다듬고 치성을 드리는 곳으로 통용된다. 양반들은 주로 제사를 올리거나 학문을 연마하는 건물의 이름에 재를 사용했다.

■ 누(樓)와 정(亭) : 누는 마루를 지면으로부터 높이 올려 통풍이 잘되게 한 건물 형태를 말한다. 대부분 벽이 없다. 주로 공적인 휴식과 여흥을 위한 공간으로 사용된다. 경복궁 경회루, 창덕궁 주합루 등이 대표적이다. 정은 누와 그 형태나 구조, 용도가 비슷하지만 누에 비해 규모가 작은 편이다. 누가 공적인 연희의 공간이라면 정은 사적인 연희의 공간이라고 할 수 있다. 경복궁 향원정이 대표적이다.

직선의 미학 수덕사 대웅전, 곡선의 미학 부석사 무량수전

수덕사 대웅전, 기하학적 구성과 견실한 힘

충남 예산군에 있는 국보 수덕사 대웅전(1308년)과 경북 영주 시에 있는 국보 부석사 무량수전(1376년)은 우리나라에서 가장 오래되었으면서 가장 아름다운 목조 건축물이다. 고려 말에 지어진 두 건축물은 모두 전체적으로 간결하다.

수덕사 대웅전이 장중하면서도 힘찬 직선의 미학을 보여준다면, 부석사 무량수전은 정교하면서도 세련된 곡선의 미학을 보여준다. 이런 비유가 가능할지 모르지만 대웅전은 남성적이고, 무량수전은 여성적이다.

수덕사 대웅전은 앞면 3칸, 옆면 4칸으로 되어 있다. 여기서 전통 건축의 '칸'에 대해 설명할 필요가 있다. 칸은 기둥과 기둥 사이를 뜻한다. 기둥이 3개면 2칸, 4개면 3칸이다. 대웅전은 전체적으로 간결함과 단순함의 미학이 극명하게 드러나는 건축물이다.

우선 대웅전의 맞배지붕을 보자. 맞배지붕은 지붕이 건축물의 좌우에는 없고 앞뒤로만 맞붙어 있는 형태의 지붕을 말한다. 맞배지붕은 한국 기와 건물의 지붕 가운데 가장 단순하다.

대웅전의 정면을 보자. 지붕은 단순하면서 다소 육중하고 무거워 보인다. 하지만 잘 들여다보면 간결함과 장중함이 느껴진다. 묵직함과 간결함이 만들어내는 안정감이다. 중간을 약간 배불리 나오게 만든 배흘림 기둥은 이 묵직한 지붕을 튼실하게 받쳐준다. 둔탁함 속으로 세련된 아름다움이 묻어난다.

대웅전의 매력과 미학은 옆면에서 절정을 이룬다. 옆에서 볼 때 지붕은 약간의 곡선을 그리며 사람 '인(人)' 자 모양을 하고 있다. 지붕은 옆면에서 보아도 역시 육중하고 견고하다. 지붕 밑으로는 수평 부재인 들보 또는 보(량, 樑)가 가로놓여 있다. 그리고 지붕과 들보가 연결되는 지점에 지붕의 하중을 전달하기 위한 다양한 부재가 단아하게 짜맞춰져 있다. 이들은 한결같이 장식을 배제하고 있다. 간결 명료하다는 말이다.

기둥과 들보의 나무 부재들은 가로 세로로 교차하면서 대웅전 옆쪽 벽면의 공간을 멋지게 분할한다. 단순한 듯하지만 절묘

수덕사 대웅전의 정면   수덕사 대웅전의 옆면

한 기하학적 구성이다. 크고 작은 사각형 공간 사이사이로 곡선
이 가미된 사다리꼴 공간이 변화와 생동감을 연출한다.

원형과 직각의 나무 부재 역시 서로 멋진 조화를 이룬다. 이에
힘입어 대웅전 옆면 전체엔 조용하지만 경쾌한 리듬감이 넘쳐
난다. 그 위로 기와지붕의 완만하고 부드러운 곡선이 전체를 감
싸고 있다. 기하학적 구성과 경쾌한 리듬감, 그리고 견실한 힘.
이것이 대웅전의 미학이다.

부석사 무량수전, 담백한 간결함 속에서 물결치는 곡선의 율동감

부석사 무량수전의 매력은 수덕사 대웅전과 또 다르다. 정면

5칸, 옆면 3칸의 무량수전을 보면 사뿐히 고개를 치켜든 날렵한 지붕 곡선이 우선 눈에 들어온다. 한참을 들여다보노라면 처마가 춤을 추듯 출렁인다. 이것은 일종의 착시지만 그 출렁거림은 엄연한 사실이다. 그 덕분에 곡선의 효과는 더욱 극대화된다.

이 같은 곡선의 미학은 무량수전 건물에 담겨 있는 다양하고 절묘한 아이디어에서 비롯된다. 안허리곡(曲), 귀솟음 등이 바로 그것이다. 안허리곡은 건물 가운데보다 귀퉁이의 처마 끝을 좀 더 튀어나오도록 처리한 것을 말한다. 그리고 귀솟음은 건물 귀퉁이 쪽을 가운데보다 높게 처리한 것을 말한다. 결국 안허리곡과 귀솟음은 건물의 귀퉁이 부분을 좀 더 높게 튀어나오도록 하기 위한 것이다.

고려의 장인들은 무량수전에 왜 이런 장치를 넣었을까. 건축물은 정면에서 보면 귀퉁이 쪽 처마와 기둥이 실제 높이보다 처져 보인다. 보는 사람의 눈에서 멀리 떨어져 있기 때문이다. 안허리곡과 귀솟음은 이 같은 착시를 막기 위한 고안이었다. 모퉁이 쪽이 처져 보이는 것을 막기 위해 일부러 그 부분을 높게 튀어나오도록 한 것이다.

여기에서 중요한 것은 이러한 건축적 고안이 그 자체에 머물지 않고 서로 어울리면서 빼어난 곡선을 연출한다는 점이다. 건물 앞면이 마치 볼록거울처럼 휘어져 보이는 것도 안허리곡과 귀솟음 덕분이다. 그렇게 휘어진 건물의 곡선은 정지된 것이 아

부석사 무량수전

솟구치는 듯한 무량수전 처마

니라 살아 움직인다. 무량수전 앞에 섰을 때, 지붕과 기둥이 출
렁거리듯 보이는 것이 바로 이 때문이다. 직선의 목재가 만들어
낸 곡선의 아름다움이다.

수덕사 대웅전과 마찬가지로 부석사 무량수전 역시 배흘림
기둥으로 만들어졌고 별다른 장식은 없다. 게다가 오랜 세월 탓
에 단청도 많이 사라져 나무의 살결이 그대로 드러난다. 그래서
더욱 담백하고 간결한 느낌이다. 담백한 간결함 속에서 물결치
는 곡선. 그 상쾌한 율동감이 무량수전의 미학이다.

목도 귀도 없는, 무시무시한 〈윤두서 자화상〉

개인의 본질을 표현하는 데 불필요한 것은 생략했다?

둥글고 육중한 얼굴, 부리부리한 눈매에 형형한 눈빛, 한 올한 올 불타오르는 듯 생동감 넘치는 수염…. 보는 이를 압도하는 한 폭의 초상화. 조선 시대 최고의 초상화 가운데 하나로 꼽히는 국보 〈윤두서 자화상〉(18세기 초)이다.

작품 크기는 38×20.5센티미터. 그리 크지 않은데도 이 자화상은 강렬함을 넘어 무시무시하게 다가온다. 얼굴과 눈빛도 대단하지만, 더욱 충격적인 것은 두 귀와 목과 상체가 없다는 사실. 게다가 머리에 쓰는 탕건(宕巾)은 윗부분이 잘려나갔다. 탕건이라고 하면 조선 선비의 기본 의관(衣冠) 중 하나가 아니던가. 전

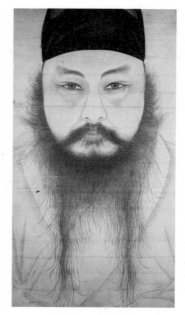

〈윤두서 자화상〉　　　　　　　　〈윤두서 자화상〉 적외선 촬영

체적으로 보면, 화폭 위쪽에 얼굴 하나가 매달려 있는 형국이다.

　그림을 그린 공재 윤두서(恭齋 尹斗緖, 1668~1715)는 전남 해남 출신이다. 고산 윤선도(孤山 尹善道)의 증손으로, 해남 윤씨 남인(南人) 집안이었다. 숙종 때인 1693년 진사시(進士試)에 합격해 성균관에 들어갔다. 그러나 이듬해 갑술환국(甲戌換局)으로 남인이 서인(西人)에 밀려 권력을 잃자 윤두서는 정치와 관직의 뜻을 버리고 낙향했다.

　조선 시대 초상화를 두고 흔히 '전신사조(傳神寫照)'라고 평가

한다. 전신사조는 인물의 겉모습을 그대로 묘사하는 차원을 넘어 그 사람의 정신과 내면까지 그려냈다는 뜻이다. 그 가운데에서도 〈윤두서 자화상〉은 단연 독보적이다. 사실적인 표현, 얼굴의 명암법(음영법), 독특한 화면 구성을 통해 작가의 핍진한 내면을 박진감 있게 보여주었다고 평가받는다.

그런데 〈윤두서 자화상〉은 보면 볼수록 궁금증을 자아낸다. 얼굴과 눈매는 왜 이렇게 부리부리한지(윤두서 얼굴은 원래 무인처럼 매섭게 생겼다고 한다), 왜 목과 귀가 없는지, 탕건은 왜 잘린 채로 그렸는지, 또 이러한 엄청난 파격은 어디서 온 것인지. 이에 대해서는 그동안 "얼굴과 눈 이외의 것들은 본질적이지 않기에 그리지 않았다"는 견해가 지배적이다. 윤두서라는 개인의 본질을 표현하는 데 불필요하기 때문에 세밀하게 그릴 필요가 없었다는 말이다. 관복, 관모 심지어 귀조차 윤두서의 본질이 아니라는 견해다.

하지만 이 같은 설명에도 궁금증은 여전하다. 설령 관복, 관모, 귀가 윤두서라는 인물의 본질이 아니라고 해도, 조선 시대의 유교 윤리나 보편적 미감에서 크게 벗어난 자화상을 그렸다는 것이 여전히 의문으로 남기 때문이다. 조선 시대 사대부가 부모로부터 물려받은 신체 일부를 잘라낸 채 그림을 그린다는 것, 조선 시대 의관의 일부를 잘라낸 채 얼굴을 그린다는 것은 상상하기 어렵다. 윤두서는 정말로 그것들이 본질적이지 않다고 여겼던 것일까.

세상에 대한 저항심을
자화상에 표출했다?

그러던 중 1996년 놀라운 사진이 국립중앙박물관 도서 자료 속에서 발견되었다. 1937년 조선총독부가 펴낸 《조선사료집진속(朝鮮史料集眞續)》에서 〈윤두서 자화상〉을 찍은 사진이 확인된 것이다. 놀랍게도 그 사진 속에서 윤두서는 도포를 입고 있다. 옷깃의 선이 보이고 목과 상체가 선명하게 남아 있다. 그 사진을 보니 지금 우리가 보는 자화상 실물과는 분위기가 많이 다르다.

이 사진은 큰 이슈가 되었다. 그러자 이를 두고 다양한 해석이 나왔다. 누군가는 "원래 유탄(柳炭)으로 그려놓은 옷선이 있었는데 후대에 표구를 하는 과정에서 지워졌을 것"이라고 추정했다. 이에 대해 또 다른 누군가는 "옷선은 뒷면에 그린 것(배선법, 背線法)이다. 1937년 촬영한 사진에 배선이 드러난 것은 앞뒤 양쪽에 보조 조명을 주고 찍었기 때문"이라고 반박했다.

그러던 중 2006년 여름, 국립중앙박물관이 이 작품을 정밀조사하게 되었다. 중앙박물관은 현미경 검사, X선 투과 촬영, 적외선 촬영, X선 형광분석법 등의 과학 분석을 실시했다. 그 결과, 새로운 사실이 추가로 확인되었다. 1937년 사진에는 옷깃이 선으로만 나타났었는데 이번엔 옷선 주위로 어두운 느낌을 주는 훈염(暈染, 움푹한 곳은 붓질을 거듭하고 도드라진 부분은 붓질을 덜 하는 그림 기법) 표현까지 드러났다. 그리고 얼굴에 비해 너무 작긴 하지만 붉은 선으로 흐릿하게 귀가 그려져 있는 것도 확인했다.

이 결과는 또 한 번 이슈가 되었다. 육안으로 옷선은 보이지 않지만 과학분석에 의존하니 옷선이 보인다. 그런데 그 옷선이 앞면에 유탄으로 그렸다가 지워진 흔적인지, 뒷면에 남아 있는 옷선인지 단정 짓기는 어렵다. 그림 뒷면에 붙인 배접지를 뜯어내지 않는 한 정확한 판단은 어려울 것이다.

그럼에도 1937년의 사진과 국립중앙박물관 조사를 통해 윤두서가 도포와 귀를 그리려고 했었음이 확인되었다. 몸통을 앞면에 그렸든 뒷면에 그렸든, 윤두서는 몸통에 채색은 하지 않았다. 그런 점에서 이 작품은 초본(草本), 즉 일종의 밑그림일 수도 있고 미완성작일 수도 있다.

조사 결과는 매우 흥미롭지만 한편으론 우리를 혼란스럽게 한다. 지금 우리가 보는 국보 〈윤두서 자화상〉의 정체는 무엇이란 말인가. 옷선이 보이는 사진이 윤두서의 자화상인지, 아니면 지금처럼 육안으로 옷선이 보이지 않는 그림이 윤두서의 자화상인지 복잡하고 오묘해진다. 그래서 더 보는 이를 빨아들인다. 그런데 여기에서 중요한 것은 옷선이 드러난 사진보다 옷선이 보이지 않는 국보 그림이 훨씬 더 매력적이라는 사실이다.

〈윤두서 자화상〉의 강렬한 눈빛. 오랫동안 들여다보면 어딘

지 모르게 우수와 우울함이 느껴진다. 서인 중심의 세상, 남인이 소외된 세상에 대한 원망과 대결, 아쉬움과 저항이 동시에 담겨 있는 것 같다.

그렇다면 윤두서가 자신의 의관에서 탕건을 잘라내고 인물을 화면 위에 배치한 파격도 이와 관련이 있는 건 아닐까. 탕건은 관직에 나간 남자들이 망건 위에 쓰는 것이다. 자화상에서 탕건의 일부를 잘랐다는 것은 제도권 관직에 대한 부정이었을 가능성이 있다. 그것은 곧 세상에 대한 저항이라고 볼 수 있다. 해남으로 낙향한 윤두서는 세상에 대해 할 말이 많았을 것이다. 그러한 심경을 자화상으로 표출했던 것은 아닐까.

작품을 해석하는 관점의 차이에도 불구하고 〈윤두서 자화상〉은 그 자체로 보는 이를 잡아끈다. 가끔 이런 생각을 해본다. 어두운 공간에서 저 그림과 맞닥뜨린다면 섬뜩할 것이다. 그 섬뜩함이 나 스스로를 돌아보게 한다. 조선 시대 그림 가운데 이런 분위기의 작품이 또 어디 있을까.

철학적으로 해석한 우리 국토, 〈금강전도〉

△⌂□

우리의 산수를 직접 보고 그린 진경산수화의 거장

18세기 시인묵객(詩人墨客)들 사이에선 우리 산하를 둘러보고 그 모습과 느낌을 글과 그림으로 남기는 게 유행이었다. 가장 인기 있는 곳은 금강산이었다. 당시 금강산에 관한 글과 그림을 남긴 사람들 가운데 단연 돋보이는 인물은 겸재 정선(謙齋 鄭敾, 1676~1759)이었다.

겸재 정선을 두고 사람들은 '조선 시대 화성(畫聖)'이라고 부른다. 겸재에게 최고의 찬사가 쏟아지는 건 그가 우리 산수를 우리 시각으로 바라보고 우리 방식으로 그려낸 창조적 화가였기 때문이다. 그가 개척한 산수화를 흔히 진경산수화(眞景山水畫)라

정선의
〈금강전도〉

정선의
〈금강내산도〉

정선의
〈인왕제색도〉

부른다. 중국풍의 산수, 관념 속의 산수가 아니라 우리의 산수를 직접 보고 그렸다는 점에서 진경산수화라는 이름이 붙었다.

겸재 정선은 한양의 북악산(조선 시대 이름은 백악산) 자락, 그러니까 지금의 서울 종로구 청운동 경복고등학교 자리에서 태어났다. 52세에 인왕곡(지금의 서울 종로구 옥인동)으로 이사했고 이곳에서 살다 84세에 세상을 떠났다. 정선은 하양(대구 근처 경북 경산시 지역)·청하(경북 포항시 지역)·양천(서울 강서구와 양천구 지역) 지방의 현감을 하느라 몇 차례 한양을 떠나 살았던 적이 있지만 84년 긴 세월의 대부분을 한양의 북악산과 인왕산 밑에서 살았다.

인왕산의 거대한 바위와 북악산의 우뚝 솟은 봉우리는 지금도 서울 도심 곳곳에서 한눈에 들어온다. 하물며 높은 건물이 없던 조선 시대에는 어떠했을까. 인왕산과 북악산의 위용은 더 장엄했을 것이다. 게다가 인왕산과 북악산은 조선 시대 수도 한양의 상징이었으니 그 산이 지닌 정신적 가치는 더욱 대단했을 것이다.

늘 바위처럼 변함없고 산처럼 우직하게 살고 싶었던 조선 시대 선비 문인들에게 인왕산과 북악산은 그야말로 더더욱 경외의 대상이 아닐 수 없었다. 정선은 이렇게 북악산과 인왕산 아래에 살면서 그곳의 산봉우리와 나무와 바위를 어떻게 표현할 것인지 늘 고민하며 붓을 들었다.

겸재 정선은 여러 차례 금강산을 찾았다. 정확하게 몇 번인지 알 수는 없지만 처음 찾은 시기는 1711년으로 추정된다. 그의 나이 36세였다. 그리고 그다음 해인 1712년과 1747년에도 금강산에 올랐다. 정선은 금강산 그림을 많이 남겼다. 금강산 전체 모습을 그린 〈금강내산도(金剛內山圖)〉〈풍악내산총도(楓岳內山叢圖)〉〈금강전도(金剛全圖)〉, 단발령 고개에서 바라본 금강산을 그린 〈단발령망금강(斷髮嶺望金剛)〉, 금강산의 사찰을 그린 〈장안사(長安寺)〉〈정양사(正陽寺)〉, 금강산의 폭포를 그린 〈만폭동(萬瀑洞)〉〈구룡폭(九龍瀑)〉, 금강산의 봉우리를 그린 〈비로봉(毗盧峯)〉〈혈망봉(穴望峯)〉 등.

모두 장쾌하고 매력적이지만 그중에서도 〈금강전도〉는 가장 압권이다. 〈금강전도〉는 그의 나이 50대 말이던 1734년에 그렸다. 현재 국보로 지정되어 있으며 삼성미술관 리움이 소장하고 있다. 〈금강전도〉는 금강산 전경을 그린 다른 작품들과 기본적인 구도는 비슷해 보인다. 부드러운 토산(土山, 흙산)과 날카로운 암산(巖山, 바위산)을 대비해 표현한 것은 다름이 없다. 하지만 유심히 눈여겨보면 범상치 않은 기운이 느껴진다. 훨씬 더 독특하고 더 대담하기 때문이다.

정선은 금강산 1만 2,000봉을 위에서 한눈에 내려다보면서 전체 금강산을 원형 구도로 잡았다. 그러곤 토산과 암산을 좌우로 구분해 S자 모양으로 태극 형상을 만들었다. 오른쪽에 뾰족하고 강건한 암산을, 왼쪽엔 부드럽고 원만한 토산을 배치했다. 둥근 원형의 금강산 그림은 성스럽고 오묘하며 푸른 기운을 뿜어낸다. 토산과 암산은 기가 막힌 대비를 이루면서 화면 가득 긴장감을 불어넣는다. 부드러움과 날카로움의 대비가 참으로 절묘하고 대단하다. 그것은 둥근 테두리 안에서 하나의 융합을 일궈낸다. 음양의 합일, 바로 태극의 원리다.

당대 최고의 인기를 누린 새롭고 대담한 화풍

정선은 어떻게 금강산을 이런 모습으로 표현할 수 있었을까. 그는 주역(周易)에 정통했다. 정선은 주역에 대한 통찰을 바탕으로 금강산을 새롭게 해석할 수 있었다. 토산은 음이고 암산은 양이다. 음양이 만나 하나의 세상을 이루고 하나의 생명을 만들어낸다. 금강산은 우리의 세상이고 우리의 생명이다. 그것은 우리에게 우주나 마찬가지다. 우리 민족이 생명의 원천으로 여겼던 금강산. 정선은 금강산을 주역의 철학과 태극 형상으로 연결시켜 그림으로 표현했다.

정선은 화면 오른쪽 위에 제시(題詩)를 써넣었다. 그런데 이 제시 역시 금강산의 원형구도와 조화를 이룰 수 있도록 각 행의 글자 수를 독특하게 배치했다.

萬二千峰皆骨山 何人用意寫眞顔 衆香浮動扶桑外 積氣雄蟠世界間

幾朶芙蓉揚素彩 半林松柏隱玄關 從今脚踏須今遍 爭似枕邊看不慳

(만이천봉개골산 하인용의사진안 중향부동부상외 적기웅반세계간

기타부용양소채 반림송백은현관 종금각답수금편 쟁사침변간불간)

겨울 개골산 만이천 봉

누가 어찌 저 참모습 그릴 수 있으리오

뭇 향기는 동해 밖으로 떠오르고

그 기운 쌓여 온누리에 웅혼하게 서렸구나

봉우리는 몇 송이 연꽃인 듯 뽀얀 빛 드러내고

반쪽 숲엔 소나무 잣나무가 현묘한 도의 관문을 가렸네

비록 내 발로 걸어서 찾아간다 해도

베갯머리에서 내 그림 실컷 보느니만 못하겠네

우리 국토 금강산에 대한 애정과 고민이 흠뻑 묻어나는 시가 아닐 수 없다. 한 걸음 한 걸음 직접 금강산을 답사하지 않고선 나올 수 없는 내용이다. 누군가는 이 〈금강전도〉 속의 금강산이 한 송이 꽃 같다고 말한다. 실제로 그림 맨 위의 비로봉부터 맨 아래 장안사 풍경에 이르기까지 하나의 원형이 되어 연꽃 봉오리처럼 보인다. 철학적이고 예술적인 면모가 아닐 수 없다. 이런 까닭에 〈금강전도〉는 조선 시대 그림 가운데 가장 철학적이고 가장 성찰적이라고 평가하기에 충분하다.

겸재 정선의 새롭고 대담한 화풍은 당대 최고의 인기를 누렸다. 조선 시대 정선의 집 앞에는 그의 그림을 구하려는 사람들이 줄을 이었다고 한다. 정선의 그림을 원하는 사람들이 많았던 만큼 정선 또한 부지런히 그림을 그려야 했다. 어찌나 그림을 많이 그렸는지, 정선이 사용해 뭉툭해진 붓을 모아놓으니 그 양이 무덤을 이룰 정도였다는 얘기까지 전해온다. 폭주하는 주문으로 정선은 그림을 그리느라 분주하고 피곤한 나날을 보내기 일쑤였다. 여든의 나이에도 두꺼운 안경을 쓰고 촛불 아래에서 열심히 그림을 그렸다.

〈금강전도〉는 세로 130.6센티미터, 가로 94.1센티미터의 대작이다. 그림을 보고 있노라면 상서로운 기운이 푸르게 몰려온다. 양과 음이 한데 어울려 꿈틀거린다. 당당하고 장쾌하다. '아, 저것이 금강이구나' 하는 생각이 절로 든다.

겸재 정선과 쌍벽 이룬
조선 시대 화가는?

조선 시대 그림을 얘기할 때 가장 많이 등장하는 용어 가운데 하나
가 실경산수화(實景山水畫), 진경산수화(眞景山水畫)다. 여기서 '실경'은
실제의 경치를 뜻하고, '진경'은 진짜 경치를 뜻한다. 실경산수화, 진
경산수화라는 개념과 용어는 18세기 전후에 등장했다.

조선 시대엔 산수화를 그릴 때, 우리의 산수를 화폭에 옮기는 것이
아니라 중국의 산수나 중국풍의 산수, 관념 속 산수를 그리는 것이
관행이었다. 그것은 고대부터 조선 시대까지 많은 사람들이 중국을
세상의 중심으로 여겼기 때문이다. 실제로 중국은 동양의 강국이었
고, 중국 문화는 우리에게도 큰 영향을 미쳤다.

그렇지만 18세기 들어서면서 사람들의 생각이 바뀌기 시작했다. 조
선 사람은 조선의 국토를 둘러보고 그것을 화폭에 담아야 한다는 자
주적 문화의식이 확산되었다. 이에 힘입어 실경산수화, 진경산수화
가 등장한 것이다.

실경산수화는 겸재 정선에 의해 시작되었다. 정선은 우리 산수를 직
접 보고 우리의 시각으로 산수화를 그렸다. 정선은 한양과 한강변은
물론이고 금강산과 전국 곳곳을 다니면서 아름답고 당당한 우리 산
천을 화폭에 담았다.

정선은 산과 강, 나무와 풀을 있는 모습 그대로 그리기도 했지만 자
신의 철학을 담아 산천을 재구성해 독창적으로 그리기도 했다. 그 철
학에는 조선의 번영과 백성의 안녕을 기원하는 마음이 담겼다. 그래

서 정선의 산수화는 실경산수화이되 실경산수화를 넘어선다. 진짜 조선의 산수화라는 의미에서 진경산수화로 부르게 된 것이다.

18세기에는 속박받지 않고 자유분방한 문화의식이 확산되면서 전국 국토를 직접 여행하는 것이 일대 유행이었다. 그 가운데 가장 인기 있는 장소는 단연 금강산이었다. 금강산을 다녀온 문인, 학자, 화가들은 저마다 금강산에 대한 기록과 그림을 남겼다.

겸재 정선과 단원 김홍도(1745~1805년 이후)는 조선 시대 최고의 화가이자 실경산수화, 진경산수화의 쌍벽이라고 할 수 있다. 정선도 금강산을 다녀왔고 김홍도도 금강산을 다녀와 그림을 그렸다. 김홍도 하면 풍속화가로만 생각하기 쉽다. 물론, 김홍도는 풍속화를 잘 그렸다. 그러나 김홍도의 전체 미술에서 보면 풍속화는 지극히 일부에 불과하다. 김홍도는 산수화는 물론이고 인물화·동물화·화조화(새와 꽃 그림)·불교화·기록화 등 거의 모든 장르의 그림에 능통했다. 아마 조선 시대 화가 가운데 모든 장르에 능통했던 거의 유일한 화가였다고 할 수 있다.

김홍도의 그림 가운데에는 산수화가 특히 매력적이다. 김홍도의 산수화는 소재나 표현 방식이 낭만적이다. 특히 여백이 많은 화면 구성이 보는 이를 시원하게 한다. 〈소림명월도(疏林明月圖)〉〈마상청앵도(馬上聽鶯圖)〉 등이 대표적이다.

정선의 그림은 화면을 가득 채우면서 무언가 묵직한 의미를 전달한다. 반면 김홍도의 그림은 철학적 메시지보다는 낭만과 여유, 멋과 풍류를 느끼게 한다. 조선 최고의 화가 정선과 김홍도의 산수화 화풍의 차이가 흥미롭다.

180년에 걸친 10명의 주인, <세한도>의 드라마틱한 여정

△ ◠ ▢ _____

제자를 사랑하는
스승의 뜨거운 마음을 담아

〈세한도〉는 추사 김정희(秋史 金正喜, 1786~1856)가 제주 유배지에서 그림 그림이다. 〈세한도〉를 모르는 대한민국 국민은 거의 없다. 〈세한도〉는 왜 이렇게 유명한 것일까.

1840년 억울하게 제주로 유배를 가게 된 김정희는 1844년 서귀포 대정읍의 유배지에서 〈세한도〉를 그렸다. 제자인 이상적(李尙迪)에게 감사의 뜻을 전하기 위해서였다. 역관(譯官)의 신분으로 중국을 자주 드나들던 이상적은 중국에 갈 때마다 책을 구해 유배지로 보내주었다.

추사에게 외로움을 이겨낼 수 있는 유일한 도구가 서화(書畵)

추사 김정희의 〈세한도〉

〈세한도〉 두루마리 앞부분에 적힌 '완당 세한도'

였으니 이상적이 보내오는 책은 특히 더 값질 수밖에 없었다. 한낱 유배객을 잊지 않고 중국에서 책을 구해 전해주는 기특한 제자. 추사는 그 변함없는 마음을 기억하고 싶어 그림을 그리고 '歲寒圖(세한도)'라 이름 붙였다. 추운 시절을 견디는 그림이라는 의미다.

추사는 그림 옆에 그림을 그리게 된 동기와 의미를 적어넣었다. 이어 화면 오른쪽 아래 구석에 사각형의 붉은 도장을 찍었다. '長毋相忘'(장무상망). 오랫동안 서로 잊지 말자는 뜻이다. 제자를 사랑하는 스승의 뜨거운 마음이 그림에 절절하다. 시련을 감내하는 추사의 차가운 정신이 가득하다. 바로 문인화의 정신을 잘 구현한 것이다.

그러나 〈세한도〉의 인기를 설명하기엔 이것만으로는 부족하다. 여기에서 눈여겨볼 점은 〈세한도〉의 드라마틱한 180년 여정이다. 추사는 〈세한도〉를 그려 제자 이상적에게 보냈고 이를 전해받은 이상적은 감격의 눈물을 흘렸다. 1844년 가을, 그는 이 그림을 가슴에 품고 중국 연경(燕京, 지금의 베이징)에 갔다. 그리고 이듬해 1월 추사의 지인들에게 그림을 보여주고 장악진(章岳鎭), 조진조(趙振祚) 등 중국인 학자 16명의 글을 받아 그림 옆에 이어붙였다.

한 줌 재가 되었을지도 모르는 〈세한도〉의 운명

세월이 흘렀다. 1865년 이상적이 세상을 떠난 뒤 〈세한도〉는 그의 제자였던 김병선(金秉善)에게 넘어갔고 이어 그의 아들인 김준학(金俊學)이 물려받았다. 김준학은 이 작품의 중간과 말미에 감상기를 적어넣었고 '완당세한도(阮堂歲寒圖)'란 제목을 두루마리 맨 앞에 붙였다. 여기서 '완당'은 김정희의 또 다른 호다. 그 후 〈세한도〉는 휘문고등학교를 설립한 민영휘(閔泳徽)의 집안으로 들어갔다. 이어 민영휘의 아들 민규식(閔奎植)이 1930년 대 이 작품을 일본인 추사연구가 후지쓰카 지카시(藤塚隣)에게 팔았다고 알려져 있다.

경성제국대학의 사학과 교수였던 일본인 후지쓰카 지카시는 〈세한도〉를 처음 접하곤 그 자리에서 충격과 감동을 받았다고 한다. 〈세한도〉를 구입한 뒤 그는 〈세한도〉에 흠뻑 빠져 늘 감상하며 지냈다. 그는 추사 김정희에 관한 박사학위 논문을 쓰기도 했다.

1943년 봄, 후지쓰카는 〈세한도〉를 포함해 자신이 수집했던 추사의 글씨와 그림 등 관련 자료 수천 점을 들고 일본으로 귀국했다. 추사의 〈세한도〉가 이국 땅으로 유출된 것이다. 그때 전남 진도 출신의 서예가이자 컬렉터인 소전 손재형(素筌 孫在馨, 1902~1981)이 이 사실을 알게 되었다. 손재형은 당시 국내에서 손꼽히는 수집가였다.

1944년 여름, 42세의 손재형은 거금을 들고 〈세한도〉를 찾아오기 위해 도쿄로 건너갔다. 태평양전쟁이 한창이던 도쿄는 밤낮 없이 계속되는 연합군의 공습으로 불안하고 혼란스러웠다. 손재형은 물어물어 도쿄 우에노에 있는 후지쓰카의 집을 찾아내 근처 여관에 짐을 풀었다. 그러고는 병석에 누워 있는 후지쓰카의 집을 매일같이 찾아가 "세한도는 조선 땅에 있어야 합니다. 저에게 작품을 넘겨주십시오"라고 애원했다.

그렇게 두 달여. 드디어 후지쓰카의 마음이 움직였고 결국 〈세한도〉를 내주었다. 손재형은 거액을 지불하고 〈세한도〉 등 추사 작품 7점을 찾아왔다. 1944년 말 또는 1945년 초의 일이었다. 손재형이 찾아오지 않았더라면 〈세한도〉는 한 줌 재로 변했을지도 모른다. 이듬해인 1945년 3월 서화 작품들을 보관하던 후지쓰카의 연구실에 포탄이 떨어져 불이 났기 때문이다.

〈세한도〉를 되찾아온 손재형은 1949년에 기미독립운동 민족 대표 33인의 한 사람인 오세창(吳世昌), 독립운동가이자 대한민국 초대 부통령인 이시영(李始榮), 독립운동가이자 국학자인 정인보(鄭寅普)에게 그림을 보여주고 글(찬문)을 받았다. 그 찬문들을 〈세한도〉 두루마리 뒤에 이어붙였다.

정인보는 〈세한도〉를 보고 "국보 그림 동쪽으로 건너가니 뜻 있는 선비들 처참한 생각 품고 있었네. 건강한 손 군이 한 손으로 교룡과 싸웠네. 반전되어 이미 삼켰던 것 빼앗으니 옛 물건이로부터 온전하게 되었네. 그림 한 점 돌아온 것이 강산 돌아올 조짐임을 누가 알았겠는가"라고 감격적인 찬문을 썼다. 손재형이 〈세한도〉를 찾아온 것이 광복의 징조였다는 의미다.

그런데 그 후 〈세한도〉는 한동안 사채업자에게 저당 잡히는 운명을 겪기도 했으나 눈 밝고 열정적인 개성 출신의 컬렉터 손세기(孫世基)의 손에 들어간 뒤 아들 손창근을 거쳐 국립중앙박물관으로 들어가게 되었다.

〈세한도〉에는 이상적이 중국에 가져갔을 때 이 작품을 감상한 중국인 학자 16명, 한때 작품을 소장했던 김준학, 손재형이 찾아왔을 때 이를 감상한 오세창·정인보·이시영의 글이 붙어 있다. 10명의 소장자를 거치고 20명의 찬문이 추가되면서 〈세한도〉는 극적이고 감동적인 스토리를 축적했으며 그것은 〈세한도〉의 소중한 역사가 되었다. 〈세한도〉를 그린 사람은 김정희였고 동기를 부여한 사람은 이상적이었지만 이들만으로는 〈세한도〉가 완성될 수 없었다. 10명의 주인이 있었기에, 특히 열정적인 컬렉터 손재형이 있었기에 비로소 온전한 〈세한도〉가 탄생한 것이다.

　180여 년 동안 10차례나 주인이 바뀌는 과정은 매번 극적이었다. 그리고 2020년 손창근 선생의 기증에 따라 11번째 주인은 국민이 되었다. 이것이 〈세한도〉의 진정한 존재 의미다(기증에 대한 자세한 내용은 2권의 제4장 '국보를 기증한 사람들' 참조).

청자 참외모양 병을
닮은 코카콜라 병

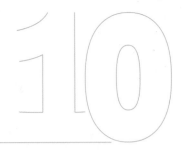

△ ⌂ □

우리에게 익숙한
한국의 대표 명품 고려청자

만약, 어느 외국인이 '한국을 대표하는 전통미술은 무엇인가'라고 물어본다면, 우리는 과연 어떻게 대답할까. 사람마다 생각이 다르겠지만 많은 사람이 고려청자를 추천할 것이다. 그렇다면 가장 먼저 떠오르는 고려청자에는 어떤 것들이 있을까.

우리에게 가장 익숙한 고려청자를 하나 꼽으라면 국보 청자 상감구름학무늬(운학문) 매병(靑磁象嵌雲鶴文梅瓶, 13세기)이 단연 첫 손가락에 꼽힐 것이다. 대한민국 국민이라면 실물은 아니더라도 교과서나 미술책에서, 신문 잡지나 길거리 광고에서 한 번쯤 보았을 청자 매병이다. 현재 간송미술관이 소장하고 있다.

국보 청자 상감구름학무늬 매
병은 그 모습부터 당당하고 유
려하다. 높이는 41.7센티미터
로, 지금까지 전해오는 고려청
자 가운데 가장 큰 편에 속한다.
주둥이는 다소 작고 납작한 듯
하지만 어깨는 씩씩하게 벌어졌
고 그 어깨를 타고 S자 곡선이
몸통 아래쪽으로 시원하게 뻗어
내려온다. 표면엔 구름과 학을
상감기법으로 빼곡하고 정교하
게 새겨넣었다. 여러 개의 원 안
에는 하늘로 날아오르는 학을,

청자 상감구름학무늬 매병

원 밖에는 지상으로 내려오는 학을 배치했다. 학의 몸짓을 원
안팎에 상승과 하강으로 구분함으로써 생동감과 함께 질서정
연한 분위기를 만들어냈다. 고려인들의 고고한 정신세계를 세
련된 미감으로 표현한 청자 명품이다.

청자 상감구름학무늬 매병은 간송 전형필(澗松 全鎣弼,
1906~1962)이 일제강점기인 1935년 일본인 골동상으로부터 2만
원을 주고 구입한 것이다. 당시 서울에서 가장 좋은 기와집 한
채가 1,000~1,500원이었다고 하니 2만 원이 얼마나 엄청난 가

격이었는지 짐작이 가고도 남는다. 그렇기에 간송 전형필의 문화유산 수집은 독립운동이나 다름없었다는 평가를 받는다. 청자 매병 자체의 매력과 전형필의 수집 스토리가 한데 어우러지면서 국보 청자 상감구름학무늬 매병은 우리에게 더욱 익숙한 명품으로 자리 잡았다.

청자 참외모양 병의 독보적인 매력

청자 참외모양 병

이에 못지않게 매력적인 청자가 있다. 국립중앙박물관이 소장하고 있는 국보 청자 참외모양(과형) 병(靑磁瓜形瓶, 12세기)이다. 이것은 일제강점기인 1910년대에 고려 17대 임금인 인종(仁宗, 1109~1146)의 무덤에서 출토되었다. 고려청자 전성기인 12세기에 만든 것으로, 이름 그대로 참외모양을 형상화했다. 전체 높이는 22.7센티미터, 입지름은 8.4센티미터. 전문가들은 전남 강진군 대구면 사당리의 고려청자 가마에서 만들어진 것으로 추정한다.

국보 청자 참외모양 병은 전체적으

로 우아하고 단정한 형태에 투명하고 깊은 비색(翡色)이 두드러진다. 참외모양의 몸체는 단순하면서도 날렵하며 참외의 몸집이 팽팽하게 드러나 있다. 참외의 양감(量感)과 탄력이 두드러져 생동감이 넘친다. 이런 참외를 한가운데 두고 아래로는 치맛주름 모양의 굽이 높게 받치고 있으며 위로는 여덟 장의 꽃잎이 아름답게 쫙 펼쳐져 있다. 참외와 꽃잎, 치맛주름이 한 자리에서 만나 멋진 디자인을 완성했다. 몸통과 굽, 몸통과 주둥이가 서로 대비와 조화를 이루며 긴장감과 함께 경쾌함을 전해준다.

이와 유사한 모양의 청자, 즉 참외모양 청자는 꽤 많이 전해온다. 중국에서도 많이 제작되었다. 하지만 색감은 물론 전체적인 조형미에서 우리 국보로 지정된 청자 참외모양 병이 단연 돋보인다. 참외와 꽃잎, 치마 주름의 크기와 비율이 가장 적절하게 조화를 이루기 때문이다. 참외의 양감이 팽팽하지 않고 빈약하다면 전체적으로 균형감을 상실해 참외모양 병이 옹색하게 보일 것이다. 반면 참외가 너무 통통하다면 그 반대가 될 것이다. 그런데 이것은 지나치지도 않고 부족하지도 않다.

국보 청자 참외모양 병의 매력은 간송미술관의 국보 청자 상감구름학무늬 매병과 비교해보면 더욱 극명하게 드러난다. 국보 청자 상감구름학무늬 매병은 육중한 곡선미와 정교하고 화려한 상감 무늬가 돋보인다. 그런데 당당하고 유려하지만 고풍스러워 현대적인 미감을 찾아보기는 어렵다. 애초부터 구름과 학은 불교·도교적 요소이고 따라서 귀족적 미감이라고 할 수 있다.

그러나 국보 청자 참외모양 병의 미감은 국보 청자 상감구름학무늬 매병과 많이 다르다. 참외라고 하는 일상적인 대상을 디자인의 모티프로 삼았고 그것도 별다른 장식 없이 단순하게 표현했다. 그래서 편안하고 부담이 없다. 그러면서도 세련된 형태를 경쾌하게 구현해냈다.

일상의 요소를 절제된 미감으로 표현했다는 점, 이것은 현대적인 미감과 통하는 요소이다. 국보 청자 상감구름학무늬 매병에서 발견할 수 없는 고려청자의 또 다른 미감이 아닐 수 없다. 청자를 잘 모르는 외국인이 이 청자 참외모양 병을 보면 현대 공예로 생각할 것이다. 그래서인지 요즘 이 참외모양 청자를 재현한 작품들, 이를 모티프로 삼은 문화상품들이 많이 유통되고 있다.

국보 청자 참외모양 병을 보면 코카콜라 병이 떠오른다. 치맛주름 모양의 높은 굽과 참외모양의 몸통은 코카콜라 병의 곡선과 많이 닮았다. 카카오 열매에서 영감을 받아 디자인했다는 코카콜라 병. 1915년 처음 만들어진 코카콜라 병은 청자 참외모양 병과 흡사한 면이 있다. 특히 코카콜라 병의 가운데 몸통 부분이 더욱 그렇다. 1915년 코카콜라 병의 몸통은 지금의 코카콜라 병의 몸통보다 훨씬 더 통통하다. 그래서인지 보면 볼수록 어쩌면 저렇게 분위기가 비슷할 수 있을까 하는 생각이 머리를 떠나지 않는다.

코카콜라 병은 지금까지 원래의 디자인을 유지하면서 100년 넘게 대중들의 사랑을 받고 있다. 카카오 열매를 디자인으로 끌어와 단순하면서도 세련된 형태를 만들었기 때문이리라. 이런 정황은 우리의 12세기 청자 참외모양 병과 많이 통한다. 참외모양의 이 청자가 왜 대중들의 사랑을 받으며 현대적인 미감을 발산하고 있는지 이해가 되는 대목이다. 100여 년 전 코카콜라 병의 디자이너가 청자 참외모양 병을 직접 보았을 리는 없겠지만, 둘 사이엔 분명 유사점이 있다. 흥미롭고 기분 좋은 일이다.

1915년에 처음 만들어진
코카콜라 병 디자인

고려 도공의 따스한 시선, 원숭이 모자(母子) 청자

상서로운 동물을 본뜬
상형(象形) 청자들

고려청자 가운데에는 동물의 모습을 형상화한 것들이 적지 않다. 이렇게 특정 대상을 형상화한 것을 상형(象形)청자라고 한다. 국보로 지정된 것만 해도, 청자 사자모양뚜껑 향로(국립중앙박물관 소장), 청자 어룡(魚龍)모양 주전자(국립중앙박물관 소장)·청자 기린모양뚜껑 향로(간송미술관 소장), 청자 오리모양 연적(간송미술관 소장), 청자 구룡(龜龍)모양 주전자(국립중앙박물관 소장), 청자 모자(母子)원숭이모양 연적(간송미술관 소장)이 있다.

몇몇의 모습을 들여다보자. 국보 청자 어룡모양 주전자는 그 모습이 우선 독특하다. 물을 따르는 부리는 용의 머리 모양이

청자 어룡모양 주전자

청자 오리모양 연적

청자 구룡모양 주전자

청자 사자모양뚜껑 향로

청자 기린모양뚜껑 향로

청자 모자원숭이모양 연적

고, 뚜껑은 물고기 꼬리 모양이다. 머리는 용인데 몸통은 물고기로 주전자의 전체 모습을 형상화한 것이다. 용 머리의 물고기가 꼬리를 한껏 위로 올리고 몸을 움츠린 채 무언가 비상을 준비하고 있는 듯하다. 주전자 표면은 물고기 비늘로 가득 장식했는데 몸통 앞쪽엔 갈퀴 모양의 지느러미를, 꼬리 쪽에는 우리 눈에 익숙한 비늘을 표현했다.

국보 청자 오리모양 연적은 귀엽고 예쁘다. 물을 헤엄치는 오리는 입에 연꽃 줄기를 물고 있으며 오리의 등에는 연잎과 연꽃 봉오리가 살포시 올라가 있다. 연꽃이 가득한 연못 속에서 한가로이 노닐고 있는 오리의 모습이다. 오리의 깃털까지 세세하게 표현했다.

연꽃 위에 앉아 있는 거북을 형상화한 국보 청자 구룡모양 주전자도 흥미롭다. 얼굴 모습은 거북보다는 용에 가깝다. 등은 거북의 등모양으로 새긴 뒤 한가운데에 왕(王)자를 써넣었다. 범상치 않은 모습이다.

국보 청자 사자모양뚜껑 향로와 국보 청자 기린모양뚜껑 향로는 각각 사자와 기린의 모습으로 뚜껑을 만든 청자 향로다. 향과 연기가 사자와 기린의 입을 통해 흘러나갈 텐데, 그 장면은 생각만 해도 멋스럽다.

비색(翡色) 청자가 절정에 달한 12세기, 고려 도공들은 이처럼 상서로운 동물을 본뜬 상형(象形)청자를 많이 만들었다. 모두 빼어난 아름다움을 자랑하는 고려청자의 명품들이다. 그중에서도 가장 독특하고 흥미로운 것은 국보 청자 모자(母子) 원숭이모양 연적이다. 전체적인 형상을 보면, 어미 원숭이가 새끼를 두 손으로 껴안고 있고 새끼 원숭이는 머리를 뒤로 살짝 젖힌 채 오른손을 뻗어 어미의 볼을 만지고 있다. 새끼를 바라보는 어미 원숭이의 눈길은 사랑으로 가득하고, 새끼 원숭이는 귀엽고 앙증맞다.

누군가는 어미 원숭이가 새끼 원숭이를 안아주려고 하는데 새끼 원숭이가 두 손으로 밀쳐내는 모습이라고 말하기도 한다. 그럴 수도 있겠다. 하지만 어미 볼을 만지는 것이든 어미를 밀쳐내는 것이든, 귀엽고 사랑스럽기는 매한가지다. 자식을 사랑하는데 사람과 동물이 다를 수 있을까. 보는 이를 절로 미소 짓게 만드는 희귀하고 멋진 청자 연적이다.

청자 표면의 비색도 투명하고 깊이 있게 처리되었다. 어미 원숭이의 눈, 코, 입과 새끼 원숭이의 눈은 철이 함유된 짙은 철사(鐵砂) 안료로 검게 표현했다. 원숭이의 손가락과 발가락도 뚜렷하고 사실적으로 윤곽을 표시했다.

고려인은 왜 원숭이모양의 청자 연적을 만들었을까?

이 문화유산은 먹을 갈 때 벼루에 따를 물을 담아두는 그릇인 연적(硯滴)이다. 이 원숭이모양 연적은 높이 9.8센티미터, 몸통 지름 6센티미터다. 어미 원숭이의 정수리에는 물을 넣는 구멍이 있고 새끼 원숭이의 머리 뒤쪽으로는 물을 따라내는 구멍이 뚫려 있다.

이 청자 모자 원숭이모양 연적은 일제강점기 때 간송 전형필이 일본에서 수집해온 것이다. 전 재산을 다 바쳐 우리 문화유산을 수집하던 전형필은 1937년 평소 알고 지내던 중간 골동상으로부터 "일본에서 활동 중인 영국인 변호사 존 개스비가 귀국하기 위해 고려청자를 처분하려 한다"는 얘기를 들었다. 전형필은 곧바로 일본으로 건너가 개스비를 만났고 그의 청자 컬렉션에 매료되었다. 전형필은 주저하지 않고 고려청자 명품 20여 점을 구입했다. 국보 청자 기린모양뚜껑 향로, 국보 청자 오리모양 연적, 국보 모자 원숭이모양 연적 등이 이때 구입한 것들이다.

전형필이 개스비의 청자 컬렉션을 사들이는 데 쓴 돈은 40만 원이었다고 한다. 전형필은 이 돈을 마련하기 위해 집안 대대로 내려오던 충남 공주의 땅 1만 마지기를 팔아야 했다. 일본으로 유출되었던 청자 모자 원숭이모양 연적은 이렇게 우리 품에 돌아왔다.

고려인들은 왜 정겨움이 흠뻑 묻어나는 이 원숭이모양 연적 같은 모습의 청자연적을 만들었을까. 원숭이는 우리 땅에 살지도 않는 동물인데 말이다.

원숭이는 12지(支) 동물의 하나다. 그런 전통 속에서 옛사람들은 원숭이를 신성시했다. 원숭이는 자식 사랑이 대단한 것으로 유명하다. 그래서인지 원숭이는 자손의 번창을 상징해왔다. 이 청자연적에도 자식을 많이 낳고 싶어하며 자식들을 사랑하는 고려 사람들의 마음이 표현된 것으로 볼 수 있다.

원숭이는 또한 벼슬을 상징한다. 중국에서 원숭이를 뜻하는 한자 '후(猴)'는 제후의 '후(侯)'와 발음이 같다. 그래서 원숭이의 '후'가 제후의 '후'로 통용되었고 그러면서 원숭이는 높은 벼슬이나 과거 급제를 상징하게 됐다. 원숭이모양의 연적이나 원숭이가 새겨진 벼루가 전하는 것도 이 때문이다. 원숭이의 어미와 새끼가 함께 등장하는 것은 대를 이어 과거에 급제하고 높은 벼슬에 오르기를 바라는 마음이 반영된 것이다. 원숭이를 보면서 과거 급제를 꿈꾸었던 옛사람들의 모습이 눈에 선하다.

물론 원숭이의 모습을 형상화한 청자는 이것 외에 또 있다. 하지만 이 청자연적이 가장 매력적이다. 어미 원숭이와 새끼 원숭이의 자세와 표정이 독특하고 인상적이며 가장 정감이 넘친다. 청자 비색도 완벽하다. 고려 도공의 미감과 조형 능력이 유감없이 발휘된 명품이 아닐 수 없다.

그림보다 더 그림 같은
백자 철화포도무늬 항아리

백자 철화포도무늬 항아리의
흥미로운 내력

시인 이육사(李陸史, 1904~1944)는 〈청포도〉라는 시를 남겼다.

내 고장 칠월은/청포도가 익어가는 시절//이 마을 전설이 주저리주
저리 열리고/먼 데 하늘이 꿈꾸며 알알이 들어와 박혀/…/내가 바라
는 손님은 고달픈 몸으로/청포를 입고 찾아온다고 했으니/….

시구를 되뇔 때마다 뽀얀 옷감을 적시듯 청포돗빛 싱그러움
이 가슴속으로 번져온다. 포도란 그런 것일까. 예로부터 많은
사람들이 포도를 그렸다. 비단과 종이에만 그린 것이 아니라 도

자기 표면에도 포도를 그렸다.

서울의 이화여대 박물관에 가면 포도 그림의 매력에 흠뻑 취하게 해주는 도자기가 있다. 국보 백자 철화포도무늬 항아리(白磁鐵畵葡萄文壺, 18세기 전반)가 그것이다. 높이가 53.3센티미터에 달하는 당당한 몸체에 포도가 시원하게 그려져 있다. 언뜻 보아도 범상치 않은 이 백자는 이화여대 박물관 컬렉션의 간판이자 조선 시대 철화백자 가운데 최고 명품으로 꼽힌다.

국보 백자 철화포도무늬 항아리는 그 내력부터가 흥미롭다. 이 철화백자는 일제강점기까지 세상에 거의 알려지지 않다가 광복 직후 세상에 모습을 드러냈다. 일제강점기 때 이 항아리의 소장자는 용산 철도국 철도기사(공무과장)였던 한 일본인이었다. 그는 한국 고미술에 대한 안목이 뛰어났고 그래서인지 1916년경부터 이 포도무늬 항아리를 소장했다고 한다. 광복이 되자 그는 일본으로 돌아가면서 수십여 점의 골동품과 함께 이 포도무늬 항아리를 한국인 지인에게 맡겼다. 일본인은 백자 철화포도무늬 항아리를 한지로 수십 겹 꼼꼼히 포장해 나무상자에 넣어 지인에게 건넨 뒤 "다른 것은 몰라도 이 항아리만큼은 잘 보관해달라"고 신신당부했다.

하지만 상황은 정반대로 돌아갔다. 얼마 지나지 않아 한국인 지인의 가족들이 골동품상에게 이 항아리를 몰래 팔아버린 것이다. 그 후 이 항아리는 당시 수도경찰청장이었던 장택상(張澤

相)의 손으로 넘어갔다. 장택상은 당시 내로라하는 고미술 수집가였다. 그는 이 항아리가 장물이라는 이유를 들어 골동품상을 겁박한 뒤 헐값에 사들였다. 백자 철화포도무늬 항아리는 그렇게 1946년 장택상의 물건이 되었다.

이 항아리는 1960년경 다시 세상에 나왔다. 장택상이 선거비용을 마련하기 위해 이 백자를 처분하려 한 것이다. 하지만 가격을 너무 높게 부르는 바람에 주인을 찾지 못했고 그 와중에 당시 김활란(金活蘭, 1899~1970) 이화여대 총장에게까지 소식이

백자 철화포도무늬 항아리

전해졌다. 김활란 총장은 당시 대표적인 컬렉터 가운데 한 명이었다.

　김활란 총장은 머뭇거리지 않았다. 한국전쟁으로 황폐화된 이화여대 박물관을 재건하기 위해 엄청난 거금을 기꺼이 내놓은 것이다. 1,500만 환, 상상도 할 수 없는 엄청난 가격이었다. 당시 괜찮은 청자나 백자가 2만 환 정도였다고 한다. 당시 우리나라에서 최고의 컬렉터인 삼성 이병철(李秉喆) 회장이 수집하는 최고급 청자나 백자도 250만 환 안팎이었으니, 이 항아리의 가격이 어느 정도였는지 쉽게 짐작할 수 있다. 김활란 총장이 구입한 이 백자 철화포도무늬 항아리는 1962년 국보로 지정되었다.

조선 시대 철화백자 중
최고의 명품

　철화 무늬는 철사 안료로 자기 표면에 갈색 그림을 그려 장식한 것을 말한다. 국보 백자 철화포도무늬 항아리는 우선 그 몸체가 육중하고 당당하다. 그러면서도 어깨에서 몸통으로 내려오는 곡선은 우아하고 날렵하다.

　몸체도 훌륭하지만 이 항아리의 진정한 매력은 포도그림이 아닐 수 없다. 커다란 항아리 표면 위쪽에 포도 넝쿨과 잎, 포도알을 사실적이면서도 은은하게 그려넣었다. 철화로 그려넣은 두 가닥의 포도 줄기는 생생하면서도 그윽하다. 포도나무 잎의 적절한 농담(濃淡), 살아있는 듯 섬세하게 이어진 줄기, 싱그럽게 윤기 나는 포도송이까지 흠 잡을 데가 없다.

조선 시대 전체를 통틀어 백자 항아리에 등장한 포도무늬 그림 가운데 예술성이 가장 뛰어나다는 평가를 받는다. 먹으로 그린 수묵화를 연상시킬 뿐만 아니라 수묵화 이상의 품격을 자랑한다. 그렇기에 이 포도그림은 도공이 그리지 않았을 것으로 보는 이가 많다. 도공의 그림 치고는 너무 뛰어나기 때문이다.

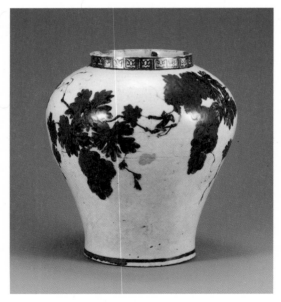

백자 철화포도원숭이무늬 항아리

18세기에 활약하던 당대의 뛰어난 전문 화원(畵員)이 심혈을 기울여 그렸을 가능성이 짙다는 말이다.

항아리 표면의 포도그림도 좋지만 화면 구성, 즉 여백 처리도 매력적이다. 맨 위 입구 부위 바로 아래에서 몸체의 상반부까지만 포도나무를 그려넣고 하반부를 완전히 비워놓아 여백을 시원하게 살렸다. 항아리의 모양과 여백이 절묘하게 조화를 이루는 탁월한 공간 구성이다.

포도가 등장하는 또 다른 철화백자로 국보 백자 철화포도원숭이무늬 항아리(국립중앙박물관 소장)가 있다. 이 항아리에는 포도뿐만 아니라 원숭이도 등장한다.

포도 넝쿨을 잡고 줄타기를 하고 있는 원숭이 모습이 익살스럽다. 포도는 예로부터 풍요로움과 다산을 상징했다. 앞에서 말했듯이 원숭이는 벼슬을 상징했다. 따라서 원숭이가 포도 넝쿨을 타고 노는 모습은 많은 자식이 높은 벼슬에 오르기를 바라는 마음을 표현한 것이다.

외국인에게 더 인기있는 백자 달항아리

조선 시대 백자 가운데 달항아리가 있다. 조선 후기였던 17세기 후반에서 18세기 전반에 제작된 큼지막한 백자다. 둥글고 커다란 모습이 달덩어리 같다고 해서 달항아리라는 멋진 이름이 붙었다. 한자로는 백자대호(白磁大壺)라고 부른다. 그런데 요즘 이 달항아리를 좋아하는 사람이 부쩍 많아졌다. 한국인뿐만 아니라 외국인들도 좋아한다.

우선, 달항아리는 넉넉하고 여유롭다. 보는 이의 마음을 편안하게 한다. 그런데 표면을 잘 눈여겨보면 몸통 한가운데 가장 불룩한 부분이 어긋나 있다. 그 부분이 약간 비뚤어져 어깨 부위의 좌우 높이가 다르다.

국보 백자 달항아리

왜 그럴까. 높이가 40~50센티미터에 달하는 커다란 달항아리를 만들려면 물레를 돌려 흙으로 윗부분과 아랫부분을 따로 만든 뒤 서로 이어붙여야 한다. 그렇다 보니 접합 부위가 서로 약간 뒤틀린 것이다. 그런데 조선 시대 도공들은 그냥 두어도 괜찮겠다고 생각해 이를 칼로 깎아내거나 매끈하게 다듬지 않았다. 아주 완벽하게 둥그렇게 만들기보다는 약간 삐뚤어도 자연스러운 모습이 더 낫다고 생각한 것이다.

완벽하고 인위적인 아름다움보다는 불완전하지만 인간적인 자연스러움. 이것이 바로 백자 달항아리의 매력이다. 중국이나 일본 도자기에서 발견할 수 없는 조선 백자만의 특징이다.

백자 달항아리의 넉넉함은 근대 이후 많은 예술가를 매료시켰다. 대표적 인물이 김환기 화백이다. 그는 달항아리에 심취해 〈항아리〉 〈새와 항아리〉 〈여인과 매화와 항아리〉 등 달항아리 그림을 많이 남겼다. 사실, 이 커다란 백자에 '달항아리'라는 이름을 붙인 사람이 바로 김환기다. 김환기뿐만 아니라 지금도 많은 예술가들이 달항아리를 화폭에 옮기고 사진을 찍는다. 또한 현대적 분위기의 달항아리를 만들어낸다.

달항아리는 2023년 현재 3점이 국보로, 4점이 보물로 지정되어 있다. 국보 달항아리 3점은 각각 용인대 박물관, 삼성미술관 리움, 국립고궁박물관이 소장하고 있다.

달항아리는 외국에서도 인기다. 영국 런던의 대영박물관(브리티시 뮤지엄)의 한국실에 가면 백자 달항아리가 한 점 있다. 영국의 유명 도예가 버나드 리치가 1935년 한국에서 구입해 가져간 것이다. 조선 도자기에 심취했던 그는 달항아리와 함께 영국으로 돌아가면서 "나는 행복을 안고 갑니다"라고 말한 것으로 유명하다.

대영박물관이 이 달항아리를 소장한 것은 1997년. 우리나라의 대표적인 컬렉터 가운데 한 사람인 한광호(전 화정문화재단 이사장)가 대영박물관에 100만 파운드(약 17억 5,000만 원)를 기부했고 박물관은 이 돈으로 버나드 리치의 달항아리를 구입했다.

일본 오사카의 오사카시립 동양도자 미술관에도 백자 달항아리가 있다. 이것은 원래 나라시 도다이(東大)사의 작은 사원에 있었다. 그런데 1995년 도둑이 달항아리를 훔쳐 달아나다 깨뜨리는 일이 벌어졌다. 이로 인해 달항아리는 300조각 넘게 부서지고 말았다. 이후 도다이사는 오사카시립동양도자미술관과 수년 동안 논의를 거쳐 수리 복원작업을 진행했다. 그 덕분에 원래 모습을 되찾아 현재 오사카시립동양도자미술관에서 관람객들을 만나고 있다.

영국 런던의 빅토리아 앤드 앨버트 박물관 1층 한국실에도 백자 달항아리가 전시되어 있다. 현대 도예가 박영숙이 제작한 것이다. 이 달항아리는 2012년 빅토리아 앤드 앨버트 박물관 '최고 컬렉션'으로 뽑히기도 했다.

미륵사지 석탑에 담긴 선화공주와 무왕 설화의 진실

△○□

목탑에서 석탑으로의
발전 과정 보여주는 탑

전북 익산시 미륵사 터에 남아 있는 국보 미륵사지 석탑(백제, 7세기 초). 이 탑이 무려 19년 동안의 해체 수리를 거쳐 2019년 당당한 모습을 되찾았다.

이 탑은 여러모로 독특하다. 현존하는 우리나라 전통 석탑 가운데 가장 오래되었고 가장 큰 탑이며 백제 무왕(武王, 재위 600~641) 시기 미륵사의 비밀을 간직한 탑이다. 또한 목탑에서 석탑으로 바뀌어가는 한국 석탑의 발전 과정을 잘 보여주는 탑 이기도 하다.

탑신(塔身, 몸체)을 보면 문과 기둥이 있고 기둥 위를 가로지르

미륵사지석탑 수리 전 모습   미륵사지석탑 수리 후 모습

는 돌이 놓여 있다. 1층 네 개 면이 각각 세 칸으로 되어 있고 가운데 칸에는 문을 달아 사방으로 통하게 하였다. 석탑의 1층 내부로 들어가면 가운데에 십(十)자형 공간이 조성되어 네 방향으로 모두 이어진다. 이런 모습이 목조 건축물을 연상시킨다. 돌을 이용해 나무집을 짓듯 탑을 만든 백제 석공들의 솜씨가 보통이 아니었음을 알 수 있다.

그런데 목조 건물처럼 탑을 세우면 오래 지탱하기 어렵다는 문제점이 발생한다. 기둥도 여럿 세우고 그 사이에 돌문까지 설치해야 한다. 게다가 대들보 같은 돌도 올려놓아야 한다. 이렇게 하려면 우리가 흔히 보아온 석탑보다 훨씬 많은 부재가 들어간다. 탑을 구성하는 돌의 수가 많으면 많을수록 탑의 형태 유지가 힘들어진다. 자칫 돌 하나만 뒤틀리거나 탈락하더라도 연쇄 반응으로 탑 전체가 흔들리고 무너질 수 있기 때문이다.

그 우려는 현실이 되었다. 거대한 사찰 미륵사에는 원래 가운데에 목탑 하나가 있고 그 좌우로 동·서쪽에 석탑 두 개가 있었다. 가운데의 목탑은 조선 시대 이전에 무너졌거나 불에 타 없어졌다. 동탑도 조선 시대를 지나면서 붕괴되어 사라졌다. 하나 남은 서탑도 조선 시대를 거치면서 일부가 무너졌다. 원래 9층이었을 것으로 추정되는 탑의 꼭대기 세 개 층이 완전히 무너져 6층까지만 남은 것이다. 그것도 6층까지의 네 개 면 가운데 세 개 면의 상당 부분이 무너져버리고 말았다.

1915년 일제는 탑이 더 이상 무너져내리지 않도록 무너진 경사면에 콘크리트를 발라 응급조치를 취했다. 위태롭기 짝이 없는 상황에서 콘크리트까지 덕지덕지 발라져 있는 모습. 이것이 바로 우리가 오랫동안 보아온 국보 미륵사지 석탑이었다. 6층까지의 높이는 14.2미터.

상태는 매우 위태로웠다. 1990년대 들어 탑을 해체해 보수해야 한다는 의견이 제기되었다. 그렇지만 선뜻 해체를 결정하지 못했다. 위험한 상태에서 해체를 할 경우 자칫 더 큰 파괴를 가져올 수 있다는 우려 때문이었다. 석재를 훼손하지 않고 콘크리트를 제거한다는 것 또한 보통 일이 아니었다. 조심스러웠지만, 국립문화재연구원은 수년 동안의 논의와 안전 진단을 실시했고 결국 1998년 해체 보수하기로 결론을 냈다.

미륵사 해체 과정에서
밝혀진 새로운 사실

2001년 10월말 미륵사지 석탑 해체를 시작했다. 애초의 예상 대로 해체작업은 결코 만만한 일이 아니었다. 해체 과정에서 가장 어려운 일은 덕지덕지 달라붙어 있는 콘크리트를 떼어내는 작업이었다. 자칫 탑의 부재를 훼손할 수 있기에 기계를 사용하는 대신 노련한 석공과 기술자들의 수작업에 의존해야 했다.

뿐만 아니라 콘크리트의 두께와 양이 예상을 뛰어넘는 수준이었다. 콘크리트 두께는 당초 30~40센티미터로 예상했지만 실제로는 최대 4미터에 달했으며 그 양도 185톤이었다. 부재 또한 예상을 뛰어넘어 3,000여 개가 나왔다. 그렇다 보니 석탑을 해체하는 데만 10년이 걸렸다.

해체 조사 과정에서 놀라운 유물이 발굴되기도 했다. 석탑의 맨 아래층 바닥면 심주석(心柱石) 중앙에서 금제 사리호(舍利壺), 금제 사리봉안기(舍利奉安記), 은제 사리기(舍利器), 사리와 각종 장식물 등 사리장엄구(舍利莊嚴具) 일체가 발굴된 것이다. 화려하고 정교한 사리호도 대단했지만 사람들을 가장 놀라게 한 것은 사리봉안기였다.

금판으로 된 사리봉안기에는 미륵사지 석탑을 세우게 된 내력이 새겨져 있었다. '백제 왕후인 사택적덕(沙宅積德)의 딸이 사찰을 세우고 639년에 사리를 봉안했다'는 내용이었다. 선화공주와 남편인 무왕이 미륵사를 창건한 것으로 알려져왔는데, 사택적덕의 딸이 왕후였고 또 미륵사탑을 세웠다니, 충격적인 내용이었다. 이 사리봉안기는 미륵사의 창건 주체는 물론이고 선화공주와 무왕의 관계에 대한 치열한 논쟁을 불러일으켰다. 참으로 흥미로운 발굴 성과가 아닐 수 없었다.

옛 돌과 새 돌의 공존
보수 및 복원으로 새로 태어나다

해체도 어려웠지만 해체 이후의 조립과 복원도 만만치 않은 일이었다. 해체 보수 작업을 담당한 국립문화재연구원은 해체가 진행 중이던 2005년부터 복원을 놓고 논의를 시작했다. 우선 석재의 강도를 확인해 해체한 부재를 어느 정도까지 다시 사용할 수 있는지 판단해야 했다.

또 9층까지 복원할 것인지, 아니면 해체 직전의 모습대로 6층까지 복원할 것인지도 논의 대상이었다. 문화재연구원과 전문가들은 ①9층까지 복원 ②6층까지 부분 복원 ③6층까지 전체복원 방안을 놓고 치열한 논의를 진행했다.

고민을 거듭한 끝에 '6층 부분 복원'으로 결정되었다. 해체 직전의 모습에 최대한 가깝게 되살리는 방안이었다. 이에 따르면 2층까지는 사방을 모두 복원하고, 1, 2층의 경우는 탑의 아랫부분이기 때문에 모두 복원해 안정감을 유지하도록 했다. 또

한 3~6층은 해체 전의 모습으로 복원하되 탑의 안전을 위해 일부를 보완 복원하기로 했다. 문화유산 보수·복원은 해체 직전의 원형보존 원칙을 최우선으로 하기 때문에 6층 부분 복원안이 가장 적절하다고 평가받은 것이다. 2013년부터 조립과 복원 작업에 착수했고 모든 과정이 2019년 4월 마무리되었다.

드넓은 미륵사 터에 우뚝 서 있는 미륵사지 석탑은 보는 이를 압도한다. 비록 일부가 심하게 훼손되었지만, 우리 전통 석탑 가운데 이렇게 우직하고 장쾌한 탑이 또 어디 있을까 하는 생각이 든다.

해체 복원한 모습을 보면 옛 돌과 새로운 돌이 섞여 있다. 그래서 거무스레하거나 누런 돌도 있고 뽀얀 돌도 있다. 옛 부재 상당수가 강도가 약해져 다시 사용할 수 없었고 그래서 화강암을 새로 가공해 사용했기 때문이다. 백제 흔적의 돌과 21세기 대한민국 돌의 공존이라고 할까. 이 또한 미륵사지 석탑의 매력 가운데 하나일 것이다.

문화유산 보수와 복원, 재현과 복제의 차이는?

문화유산은 기본적으로 수백에서 수천 년 이상 된 것들이다. 그렇다
보니 낡고 훼손된 경우가 대부분이어서 이런저런 수리를 하게 된다.
석탑의 경우는 일부에 금이 가거나 일부가 부서진 것, 떨어져나간
것도 많다. 그림이나 책은 오래되어 삭아서 중간중간 떨어져나간 경
우도 있고 좀이 먹어 구멍이 뚫린 경우도 많다. 이렇게 부분적으로
부서졌거나 훼손된 것을 수리해 회복하는 과정이 보수 작업이다. 이
러한 보수 작업은 대부분 과학자의 손을 거쳐 이뤄진다.

복원은 보수 등의 과정을 거쳐 원래 모습으로 되돌리는 작업을 말한
다. 보수 작업이 일단 위험한 상태를 해결하기 위한 작업이라고 한다
면, 복원은 한 발 더 나아가 원래의 모습으로 되살리는 것을 말한다.
보수도 엄격하게 진행되지만 복원은 특히 엄정하고 객관적인 과정
을 거쳐야 한다. 애초의 모습을 정확하게 알지 못하면 복원을 할 수
가 없다. 형태뿐만 아니라 재질, 기법 등으로 원래의 속성을 제대로
살려내야 진정한 의미의 복원이라고 할 수 있다.

그럼 재현과 복제는 어떻게 다를까. 원래의 모습을 제대로 알 수 없
는 상황에서 추정만으로 원래 모습에 가깝게 되살리는 경우는 '재
현(再現)'이라고 하고, 어떤 특정 문화유산을 그대로 두고 그것과 똑
같이 만드는 경우는 복제라고 한다. 박물관에서는 실물을 보존하기
위해 복제품을 만들어 전시하는 경우도 종종 있다. 이렇게 복제품을
전시할 경우엔 라벨에 꼭 복제품이라고 표시해야 한다.

반구대 암각화는
왜 물에 잠겨 있을까?

△ ⌂ □

청동기 시대 생활상 간직한
소중한 자료

울산 울주군 대곡리에 위치한 국보 반구대(盤龜臺) 암각화. 대곡천 하류의 거대한 바위에 새겨진 선사 시대의 바위 그림이다. 이 암각화는 1971년 동국대학교 문명대(文明大) 교수(현재 동국대 명예교수)팀의 발견으로 세상에 알려지게 되었다.

대곡천 바위 가운데 그림이 새겨진 부분은 폭 8미터, 높이 4미터 규모다. 이곳과 주변 10곳의 바위에 300여 점의 그림이 새겨져 있다. 전문가들은 이 암각화의 제작 시기를 신석기 시대 후기부터 청동기 시대 사이로 추정하고 있다. 암각화를 보면 호랑이, 사슴, 멧돼지, 고래, 물개와 같은 동물 그림 200여 점과 사람

울주 대곡리 반구대 암각화

들이 사냥과 낚시를 하는 모습이 등장한다. 신석기부터 청동기 시대에 울산 지역에 살았던 사람들의 일상 생활을 보여주는 매우 희귀하고 소중한 자료가 아닐 수 없다.

이렇게 중요하고 가치 있는 반구대 암각화인데, 언제부터인지 반구대 암각화의 안전에 비상이 걸렸다. 기본적으로 암석은 수천 년의 오랜 세월이 흐르고 바위 표면이 약해지면서 훼손이 일어나지만 주변에 댐을 건설한 뒤로 반구대 암각화가 물에 잠기는 일이 발생했기 때문이다.

댐이 건설된 것은 1965년. 반구대 암각화의 존재를 확인하기 6년 전이다. 울산산업단지의 공업용수를 확보하고 인근 지역

주민들의 식수를 마련하기 위해 반구대 암각화에서 4킬로미터 아래 떨어진 곳에 사연(泗淵)댐을 축조했다. 이로 인해 반구대 암각화는 매년 4~8개월간 물에 잠겼다가 노출되는 일이 반복되면서 암각화 표면이 약해지고 있다. 특히 겨울철에는 암각화 바위 틈새로 들어간 물이 얼었다 녹는 일이 빈번하게 발생하면서 암각화의 훼손을 부채질하는 상황이다.

반구대 암각화는 빗물이 잘 들이치지 않는 지형에 위치한 데다 바위의 표면이 매끈해 빗물이 잘 스며들지 않아 오랜 세월을 잘 견뎌올 수 있었다고 한다. 그랬던 암각화였지만 주변에 설치한 인공 구조물 때문에 훼손의 속도가 빨라졌다. 물론 1965년이면 반구대 암각화의 존재를 알지 못했을 때다.

진척 없는 보존 대책 논의만 30년째

암각화 표면이 훼손되고 있다는 지적이 제기되자 1990년대 중반부터 문화재청(국가유산청)과 울산시, 문화유산 전문가들이 모여 보존대책을 논의하기 시작했다. 다양한 논의를 통해 2003년 무렵 댐 수위 조절, 물길 변경, 차단벽(차단 제방) 설치라는 3가지 안이 제시되었다.

첫 번째 안은 사연댐의 수위를 현재 60미터에서 52미터로 낮추어 댐에서 흘러나오는 물에 암각화가 침수되지 않도록 하는 방안이다. 두 번째 안은 대곡천 물길이 암각화 앞으로 지나가지 않도록 터널 등을 만들어 물길을 변경하는 방안이고, 세 번째 안은 암각화에 물이 접근하지 못하도록 암각화 앞에 물막이 벽이나 제방을 쌓는 방안이었다.

그런데 문화재청과 울산시의 생각이 달랐다. 대부분의 전문가들과 문화재청은 1안에 찬성했다. 1안 지지자들은 2, 3안의 문제점을 지적했다. 2, 3안은 터널을 만들거나 벽을 설치해야 하는데 이럴 경우 반구대 암각화의 주변 경관을 훼손하고 공사 과정에서 진동이 발생해 암각화에 손상을 줄 수 있다는 주장이었다.

울산시는 1안에 반대하고 2, 3안을 지지했다. 1안처럼 사연댐의 수위를 낮출 경우 울산으로 흘러드는 물이 줄어들어 울산 시민들이 마실 물이 부족해진다고 생각했고, 그렇기에 2, 3안을 지지한 것이다. 양측의 의견을 정리해보면 문화재청은 반구대 자체의 경관을 보존하는 것에, 울산시는 시민들의 식수 확보에 더 무게를 두었다.

양측의 의견은 팽팽히 맞섰고 수년 동안 논란이 계속되었다. 한때 '사연댐의 수위를 낮춰 암각화를 보존하되 부족한 물은 다른 곳에서 공급한다'는 내용의 절충안이 나오기도 했다. 경북 청도군 운문댐의 물을 매일 7만 톤씩 울산 지역으로 끌어와 물 부족을 해결하겠다는 것이었다. 그러나 이 절충안은 이런저런

반구대 암각화 보호 카이네틱 댐 설치 예상도

이유로 무산되었다.

아무런 진척도 없이 지지부진하게 시간이 흘러가던 2013년, 문화재청과 울산시는 반구대 앞에 카이네틱 댐을 설치해 암각화를 보존하는 방안에 합의했다. 카이네틱 댐은 투명한 보호막을 활용한 소규모의 댐으로, 암각화 전면에 설치해 암각화 앞으로 물이 들어오지 못하도록 해준다. 하지만 카이네틱 댐은 암각화의 경관을 훼손한다는 심각한 문제점을 지니고 있었다. 설치 과정에서 암각화의 안전을 해칠 수 있다는 우려도 나왔다. 이런 문제점 때문에 카이네틱 댐 설치도 결국 무산되고 말았다.

암각화 보존 대책을 마련하겠다고 논의를 시작한 지 벌써 30년이 넘었지만 특별히 진척된 것은 없다. 그러다 2023년 울산시는 사연댐에 3개의 수문을 설치해 댐의 수위를 53미터 아래로 유지하겠다고 발표했다. 현재 상황에서 가장 바람직한 해결책이라고 할 수 있다. 그러나 실제 실행될지 여부는 좀 더 지켜보아야 한다.

반구대 암각화에는 무엇이 그려져 있을까?

1971년 발견된 반구대 암각화엔 다종다양한 동물들이 등장한다. 고래, 거북, 상어, 물고기와 같은 바다 동물, 호랑이, 사슴, 멧돼지, 여우, 늑대와 같은 육지동물, 물새와 같은 조류 등이다. 뿐만 아니라 사람들이 육지동물을 사냥하고 바다에서 고래잡이를 하는 모습도 새겨져 있다.

반구대 암각화에는 동물들의 특징이 잘 드러난다. 당시 사람들이 여러 동물의 특징을 세밀하게 관찰한 뒤 그 특징을 바위그림으로 표현했기 때문이다. 그렇게 확인 가능한 동물은 약 20종이라고 한다. 또한 고래의 경우도 머리와 입, 몸통, 가슴지느러미, 꼬리 등의 형태와 특징을 잘 표현해 북방긴수염고래, 혹등고래, 귀신고래, 향고래 등 여러 종의 고래를 확인할 수 있다.

반구대 암각화에는 이 땅에 살았던 선사시대 사람들의 생생한 일상도 잘 드러나 있다. 고래를 잡고 있는 사람, 발가벗고 춤을 추는 남자, 함정에 빠진 호랑이, 교미하는 멧돼지, 작살이 꽂혀 있는 고래, 물을 뿜고 있는 고래 등. 당시 울산과 주변 지역에서 살았던 사람들의 일상을 사실적이고 역동적이면서도 매우 익살스럽게 담아냈다. 거대한 바위에 이렇게 빼곡하게 그림을 새겨넣은 경우는 세계적으로 그 유례가 드물다.

한편, 대곡천 인근에는 국보 천전리 각석(천전리 암각화)이 있다. 천전리 각석은 1970년 한국에서 최초로 발견된 암각화다. 청동기 시대부터 신라 시대까지 오랜 세월에 걸쳐 사람들이 새겨놓은 그림과 글씨로 가득하다. 그림이 새겨진 범위는 높이 3미터, 폭 10미터나 된다.

울주 천전리 각석

천전리 암각화의 두드러진 특징은 추상적인 그림이 등장한다는 사실이다. 점·원·동심원·마름모·물결무늬, 신의 얼굴로 추정되는 무늬 등 추상적이고 기하학적인 무늬가 많이 새겨져 있어 반구대 암각화와 다른 면모를 보여준다. 물론 천전리 암각화에도 고래·상어·물고기·사슴·순록과 같은 동물이나 사람의 모습도 보인다. 이 바위 그림들은 청동기 시대에 제작한 것으로 추정된다. 특히 태양을 상징하는 원과 그 주변으로 힘차게 달려가는 네 마리의 사슴, 반인반수(半人半獸) 형상이 인상적이다. 청동기 시대 사람들의 일상 모습과 종교적 기원을 바위 그림으로 표현한 것이다.

아랫부분엔 신라 사람들이 새겨넣은 그림과 글씨가 섞여 있다. 신라 화랑들이 새긴 행렬도를 비롯해 사람, 용, 새, 배 등이 등장한다. 永郎 (영랑), 金郎(금랑)처럼 화랑의 이름이 새겨져 있어 신라 화랑들이 이 곳에서 수련하면서 호연지기를 연마했음을 알 수 있다. 신라인들이 새긴 800여 자의 글자도 보이는데, 왕과 왕비가 다녀갔다는 내용 등 이 담겨 있다.

천전리 암각화는 청동기 시대부터 신라 시대까지 오랜 시간에 걸쳐 형성되었다는 점에서 매우 특이하고 각별한 문화유산이라고 할 수 있다. 이것은 반구대 암각화와의 차이점이기도 하다.

제3장

여전히 풀리지 않는
국보 미스터리

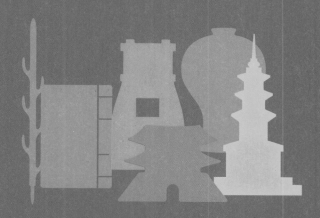

신라 금관의 실체,
과연 머리에 썼을까?

△ ⌂ □ _____

아름다우면서도
신비로운 신라 금관

신라 금관을 한국의 대표 문화유산으로 꼽는 데 주저하는 사람은 없다. 금관을 보면 '1,500년 전에 어떻게 저렇게 멋진 디자인을 만들어냈을까'라는 궁금증이 든다. 예나 지금이나 황금은 장신구의 최고급 소재다. 그런 황금으로 세련되고 독특한 조형미를 창조한 신라인들의 안목과 감각이 보는 이를 매료시킨다.

우리 역사에서 지금까지 전해오는 순금제 금관(금동관 제외)은 8점이다. 이 가운데 6점이 5~6세기 신라 것이고, 나머지 2점은 가야의 금관이다. 충남 공주의 백제 무령왕릉에서 나온 것은 금관이 아니라 왕과 왕비의 금제 관장식이다.

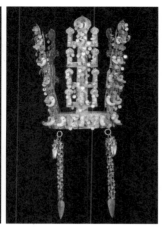

| 황남대총 금관 | 금관총 금관 | 천마총 금관 |

신라 금관 6개는 경주의 황남대총(皇南大塚) 북분 출토 금관(5세기, 국보), 금관총(金冠塚) 출토 금관(5세기, 국보), 서봉총(瑞鳳塚) 출토 금관(5~6세기, 보물), 금령총(金鈴塚) 출토 금관(6세기, 보물), 천마총(天馬塚) 출토 금관(6세기, 국보), 교동 고분(校洞古墳) 출토 금관(5세기)이다. 모두 경주 도심 한복판의 대형 신라 고분에서 출토되었다. 교동 금관을 제외하면 그 형태가 모두 비슷하다. 나뭇가지 모양 장식(출자형, 出字形)과 사슴뿔 모양 장식을 관테에 덧대어 금못으로 고정하고, 곡옥(曲玉, 곱은옥)과 달개 등으로 화려하게 장식한 모습이다.

신라 금관이 처음 확인된 것은 1921년 9월 23일 경북 경주시 노서동의 한 집터 공사 현장에서였다. 당시 인부들의 신고를 받

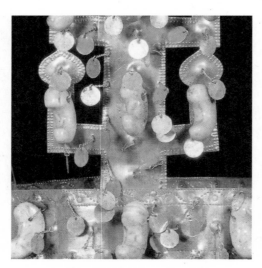

천마총 금관의 관테와 세움장식 이음부

은 조선총독부 직원들은 곧바로 조사에 들어갔다. 봉분이 훼손된 고분이었지만 금관을 비롯해 새 날개 모양의 관모 장식, 금제 허리띠와 장식, 금제 목걸이·귀걸이, 금동 신발 등 200여 점의 유물이 출토되었다. 무덤의 주인공이 확인되지 않아 가장 대표적인 유물인 금관의 이름을 따 금관총이라고 부르게 되었다. 이어 1924년 금령총에서, 1926년 서봉총에서 금관이 나왔다. 광복 후에는 1973년 천마총에서, 1974년 황남대총에서 금관이 출토되었다.

금관은 아름답다. 아름다우면서도 특이하고 신비롭다. 이런 행태의 금관은 그 이전에도 이후에도 만들어지지 않았다. 그래서인지 다양한 궁금증이 따라다닌다. 우선, 형태의 기원을 두고 의견이 분분하다. 스키타이 기마민족 문화의 영향을 받았다는 주장, 시베리아 샤먼의 풍속에서 왔다는 주장, 고조선 초기부터 이어온 한민족 고유의 양식이라는 주장 등등. 나뭇가지 장식을 두고도 의견이 많다. 생명수(生命樹)라는 견해도 있고, 경주 도심에 있는 계림(鷄林)의 숲을 형상화했다는 견해도 있다.

금관의 주인과 용도에 대한
풀리지 않는 수수께끼

TV 사극을 보면 신라의 왕들은 금관을 쓰고 나온다. 그런데 '금관이니까 머리에 썼겠지'라고 쉽게 단정 지을 수 없다. 금관의 용도를 단정할 수 있는 기록이나 증거물이 없기 때문이다. 금관을 머리에 썼다면 실제 생활에 사용한 실용품이라는 의미이고 그렇지 않다면 비실용품이라는 의미다. 우리의 호기심을 자극하는 건 비실용품이라는 견해다.

비실용품설의 근거는 이렇다. 첫째, 금관은 너무 약한 데다 장식이 많아 실제 착용하기 어려웠을 것이라는 점이다. 금관은 얇은 금판을 오려 그것들을 서로 붙여 만들었다. 관테에 고정시킨 세움장식이 너무 약하고 불안정하다. 실제로 머리에 쓴다면 조금만 움직여도 세움장식이 꺾일 정도로 약하다고 한다.

신라 고분 중에서 가장 규모가 큰 황남대총

둘째, 마감이 깔끔하지 않다는 점이다. 신라 금관은 전체적인 디자인이나 조형미가 대단히 뛰어나고 세련되었다. 그러나 금관 안쪽의 마감이 매끈하지 못하다. 평소에 왕이 사용하는 것이었다면 신라의 정교한 장인들이 마감을 엉성하게 하지 않았을 것이라는 견해다. 실제 사용한 것이 아니라 사후 부장용이었을 가능성이 높다는 것이다.

셋째, 금관의 실제 출토 상황이다. 황남대총과 천마총의 경우 신라 금관은 무덤의 주인공인 죽은 사람의 머리에 씌워져 있지 않고 얼굴 전체를 감싼 모습으로 출토되었다. 금관의 아래쪽 둥근 테가 무덤 주인공 얼굴의 턱 부근까지 내려와 있고 금관 위쪽 세움 장식(나뭇가지나 사슴뿔 모양)의 끝은 모두 머리 위쪽 한 곳에서 묶인 채 고깔 모양을 하고 있다. 즉, 모자처럼 이마 위에 쓴 것이 아니라 얼굴 전체를 뒤집어쓴 모습으로 발굴된 것이다. 이는 신라 금관이 실용품이 아니라 죽은 자의 영혼을 기리기 위해 만든 장송 의례품임을 의미한다. 달리 말하면 데스마스크(death mask)인 셈이다.

그러나 금관을 실제 사용했을 것이라는 반론도 만만치 않다. 실용품설은 금관이 비록 약하기는 하지만 천이나 가죽으로 만든 모자에 부착해 사용했을 것이라는 견해다. 왕이 의식을 거행할 때 금관을 착용했다면, 다소 불편해도 별 문제가 되지 않았을 것이라고 본다.

신라 사람들이 금관을 부장용품으로 만들었을 것이라는 견해와 실용품으로 사용했을 것이라는 견해는 팽팽히 맞선다. 그렇기에 현재로서는 장례용 부장품이었는지 실용품이었는지 단정 짓기 어려운 상황이다.

신라 금관 하면 보통 왕의 것으로 생각한다. 금관의 주인이 왕이려면 금관이 출토된 고분이 왕의 무덤이어야 한다. 그러나 금관이 나온 무덤 가운데 왕의 무덤으로 밝혀진 경우는 아직 없다. 금관이 출토된 황남대총 북분을 보자. 경주 대릉원에 있는 황남대총은 남북으로 무덤 두 개가 붙어 있는 쌍분으로, 부부 무덤일 가능성이 높다. 그런데 남성의 무덤인 남분이 아니라 여성의 무덤인 북분에서 금관이 나왔다. 남성의 무덤에서는 금관보다 급이 낮은 금동관과 은관이 나왔다. 황남대총이 축조된 5세기엔 여왕이 없었으니 황남대총 북분은 여왕의 무덤일 수 없다. 그렇다면 황남대총 금관의 주인공은 왕비일 수는 있어도 왕은 아니라는 말이 된다. 금관총 금관은 지름이 16.5센티미터로 작은 편이다. 금관의 주인이 어른이 아니라 어린이라는 얘기다. 따라서 왕자나 공주의 금관일 가능성이 높다.

금관이 나온 대형 고분은 그 규모나 출토 유물로 보아 왕릉이거나 왕족의 무덤임에 틀림없다. 그렇다면 왕의 금관도 분명 있을 것이다. 그러나 왕비의 것이거나 왕자의 것일 수는 있지만 왕의 것으로 명확하게 밝혀진 금관은 아직 없다. 흥미로운 미스터리가 아닐 수 없다. 금관의 주인은 누구인지, 어디서 왔으며, 용도는 무엇인지 등 신라 금관은 이렇게 사람들을 흥미로움과 신비 속으로 끌어들인다.

다보탑과 석가탑의 모양이 다른 이유는?

과거의 부처 다보여래와
현재의 부처 석가여래

경주 불국사의 다보탑과 석가탑. 국보로 지정된 이 두 탑을 모르는 한국인은 거의 없다. 사찰에 쌍탑이 있을 경우 일반적으로 두 탑은 동일한 모습이다. 그래서 이름도 ○○사 동탑, ○○사 서탑이라고 부른다. 그런데 왜 유독 불국사에서만 두 탑이 모양도 다르고 이름도 다른 것일까.

다보탑과 석가탑 중에서 특히 이채로운 것은 다보탑이다. 다보탑은 10원짜리 동전 앞면에 등장한다. 그만큼 매력적이고 또 친숙한 문화유산이다. 먼저 다보탑이 태어난 유래를 살펴보자. 다보탑은 불교 경전 《법화경(法華經)》에서 유래한다. 법화경에는 다보여래(多寶如來)와 석가여래(釋迦如來)가 등장한다. 다보여래는 과거의 부처(과거불)이고 석가여래는 현재의 부처(현세불)다. 《법화경》가운데 〈견보탑품(見寶塔品)〉에는 이런 내용이 나온다.

> 평소 다보여래는 "내가 부처가 된 뒤 누군가 법화경을 설법하는 자가 있으면 언제라도 그 앞에 탑 모양으로 솟아나 그 내용이 진실하다는 것을 증명하겠다"고 서원(誓願)했다. 다보여래는 훗날 석가모니가 법화경의 진리를 설파하자 정말로 그 앞에 화려한 탑으로 불쑥 솟아났다. 그 탑의 높이는 500유순(由旬)이요, 평면의 넓이는 250유순이다. 온갖 보물과 5,000개의 난순(欄楯, 난간), 1,000만 개의 감실(龕室)로 장식되어 무척이나 화려했다. 옆으로 깃발이 나부끼고 줄줄이 구슬이 늘어져 있고, 보배로운 방울들이 달려 있다. 또한 사방으로 아름다운 향이 가득 풍겼다.

재미있는 내용이다. 《법화경》견보탑품에 따르면 석가탑은 현재의 부처인 석가여래가 설법하는 내용을 표현한 탑이고, 다보탑은 과거의 부처인 다보여래가 불법을 증명하는 것을 상징하는 탑이다. 다보탑은 따라서 다보여래가 머무는 환상적인 궁전인 셈이다.

이런 내용을 시각적으로 구현한 것이 바로 불국사의 다보탑

다보탑   석가탑

과 석가탑이다. 불경의 내용을 탑으로 만들어내다니, 놀라운 일
이 아닐 수 없다. 다보탑이 특히 더 두드러진다. 기단부의 계단
과 난간(현재는 난간의 기둥만 남아 있음), 네 마리의 사자상, 4각과
8각의 난간 장식, 연꽃잎과 그걸 받치는 대나무 줄기 모양의 기
둥, 뒤집힌 신발 모양의 기둥 등 일반적인 석탑에서는 상상할
수 없을 정도로 다채로운 장식을 넣어 화려하게 꾸몄다. 모두
《법화경》의 내용을 충실하게 표현하기 위해서였다.

국내의 전통 석탑 가운데 이렇게 특이하고 화려한 탑이 또 어
디 있을까. 이런 모양의 탑은 그 이전에도 없었고 그 이후에도
없다. 경전의 내용을 탑으로 표현한 적도 없다. 게다가 사찰에

쌍탑을 배치하면서 이렇게 서로 다르게 탑을 조성한 것은 불교 건축의 기존 틀을 벗어난 것이다. 아무리 불경의 내용을 시각화한 것이라고 해도, 다보탑의 모습은 파격이 아닐 수 없다. 어떻게 이런 파격이 가능했을까.

기존의 석탑 양식을 깨뜨린 파격적 시도

불국사와 다보탑·석가탑을 조성한 시기는 8세기 중반. 당시 신라의 수도 경주는 삼국 통일의 자신감과 미래에 대한 희망으로 충만했다. 신라인들은 또 불교 정신으로 가득한 불국토(佛國土)를 꿈꾸었다. 그들이 창건한 불국사는 그러한 시대상을 상징하는 공간이었다. 신라인들은 불국사를 조성하며 《법화경》의 내용을 충실하게 그리고 극적으로 구현하고자 했다. 이를 위해 기존의 석탑 양식을 과감히 깨뜨리고 이제껏 보지도 경험하지도 못한 새로운 형태를 도입한 것이다.

그들에게는 삼국을 통일했다는 자신감과 불국토를 완성하겠다는 간절함이 있었다. 그 자신감과 간절함으로 신라인들은 경전에만 있는 것, 실제로 볼 수 없는 것, 마음에만 있는 것을 눈앞에 실물로 펼쳐 보이고자 했다. 그건 과감하고 창의적인 시도였으며 그 결과물이 바로 다보탑과 석가탑이었다.

1200여 년 전 파격적으로 세상에 모습을 드러낸 다보탑과 석

다채로운 장식의 다보탑 탑신 난간

가탑. 오랜 세월 온갖 풍상을 이겨내며 오늘에 이르렀다. 그렇다면 다보탑은 과연 몇 층인가. 2층 탑, 3층 탑, 4층 탑 등 다양한 설이 있지만 아직 명쾌한 답은 없다. 일반적인 탑과 모양이 너무 다르다 보니 층수를 헤아리기가 쉽지 않기 때문이다. 보는 각도에 따라 다보탑은 2층 탑, 3층 탑, 4층 탑이 될 수 있다. 무급(無級)의 탑, 즉 층이 없는 탑이라고 주장하는 이도 있다.

다보탑이 과연 몇 층인지, 영영 그 답을 찾아내지 못할 수도 있다. 하지만 저렇게 매력적인 석탑 앞에서 몇 층인지는 별로 중요하지 않은 것 같다. 다보탑과 석가탑을 만든 신라인의 마음을 읽어내는 것이 더 중요하지 않을까.

〈천마도〉속 주인공은 말인가, 기린인가?

천마, 지상과 천상을 연결해주는 영적 존재

5~6세기 대형 신라 고분이 밀집되어 있는 경주 대릉원(大陵苑). 이곳에는 황남대총도 있고 천마총도 있다. 황남대총과 천마총을 발굴하고 이 일대를 정비한 것은 1970년대였다.

경주 지역의 고분 발굴은 경주관광개발계획 프로젝트의 일환으로 시작되었다. 신라 최대 고분인 98호분(황남대총)을 발굴 조사한 뒤 내부를 공개해 관광자원으로 활용하겠다는 것이었다.

하지만 신라 고분을 발굴해본 경험이 없던 우리나라 고고학계로서는 98호분처럼 거대한 고분을 발굴한다는 것이 매우 부담스러웠다. 광복 이후 우리 손으로 온전한 고분을 발굴해본 것은 1971년 공주 무령왕릉 발굴이 거의 유일했기 때문이다.

고고학계는 고민 끝에 신라 고분 발굴의 예비지식을 얻기 위해 규모가 좀 작은 155호분(천마총)을 발굴해보기로 했다. 155호분 발굴은 일종의 시험 발굴이었던 셈이다. 그런데 이곳에서 금빛 찬란한 금관, 〈천마도(天馬圖)〉와 같은 6세기 무렵의 귀중한 유물 1만 1,000여 점이 무더기로 쏟아져나왔다. 시험 발굴에서 큰 성과를 거둔 것이다. 이어 진행된 98호분(황남대총) 발굴 때는 5만 8,000여 점의 유물이 출토되었다.

옛 무덤을 발굴하고 나면 무덤에 이름을 붙이게 된다. 충남 공주시에 있는 백제 무령왕릉처럼 기본적으로 무덤 주인공의 이름에 따라 고분을 명명한다. 그런데 155호분의 경우, 그 주인공이 누구인지 확인할 수 없었다. 그래서 가장 중요한 출토품의 이름을 따르기로 했다.

155호분 출토 유물 가운데 금관이 가장 중요한 것이었지만, 1921년 발굴했던 경주 고분에 금관총이라는 이름을 이미 붙였으므로 이번에는 그 이름을 쓸 수가 없었다. 금관 다음으로 중요한 발굴품은 국보인 〈천마도〉였다. 그래서 천마총이라는 이름을 붙이게 되었다.

우리가 흔히 〈천마도〉라고 하는 국보의 공식 명칭은 〈장니 천마도(障泥 天馬圖)〉. 장니에 그린 천마 그림이라는 의미다. 장니는 말을 탄 사람의 옷에 흙이 튀지 않도록 말의 안장에 매달아

경주 대릉원 고분들

금관과 〈천마도〉가 출토된 천마총

늘어뜨리는 장비를 일컬으며 말다래라고 부르기도 한다. 이 말
다래에 천마를 그려넣은 것이 바로 우리가 흔히 말하는 〈천마
도〉다. 가로 75센티미터, 세로 53센티미터에 두께는 약 6밀리
미터. 〈장니 천마도〉는 현재 전해오는 신라의 유일한 그림이다.

여러 겹의 자작나무 껍질을 겹치고 맨 위에 고운 껍질을 덧대
어 누빈 후, 가장자리에 가죽을 대고 누벼서 널찍한 판을 만들
었다. 그 위에 하늘을 날아가는 흰색 말과 붉은색, 갈색, 검은색
덩굴무늬를 그려넣었다. 천마는 꼬리를 세우고 하늘을 향해 달
리고 있다. 다리 앞뒤에 고리 모양의 돌기가 나와 있고 입 안의
혀를 내밀었다. 전체적인 말의 모습에서 영적이고 상서로운 기
운이 느껴진다.

누군가의 무덤에서 나온 하얀 천마 그림. 이 천마는 죽은 이를

실어 저 하늘 세계로 인도하는 역할을 했을 것이다. 지상(地上)과 천상(天上)을 연결해주는 존재인 것이다. 그렇기에 단순한 말이 아닌 종교적이고 정신적인 존재라고 보아야 한다.

신라인의 '말 신앙' 반영된 상징적 그림

원래 1973년 발굴 당시 천마총에선 3쌍(6개)의 장니가 나왔다. 그 가운데 가장 온전했던 장니가 국보로 지정되었다. 나머지는 상태가 매우 나빠 실체를 확인하기가 어려웠다. 그러다 2014년 국립경주박물관 특별전 '천마(天馬), 다시 날다'를 통해 두 점의 장니 천마도가 추가로 공개되었다.

과학적 보존처리와 복원과정을 거쳐 공개된 두 점은 자작나무로 만든 것과 대나무로 만든 것이었다. 대나무 장니 천마도는 얇은 대나무 살을 엮어 바탕을 만들고 그 위에 크고 작은 금동판을 붙여 천마를 표현했다. 3차원(3D) 스캔과 X선 촬영을 통해 이 같은 사실을 확인할 수 있었다. 그동안 보아온 국보 〈장니 천마도〉와 나머지 두 점이 함께 전시되자 많은 관객들이 국립경주박물관에 몰리기도 했다.

천마라고 하면 '하늘을 나는 날개 달린 말'이다. 그런데 말이 아니라 기린(麒麟)이라는 주장도 있다. 이때의 기린은 아프리카 초원에 사는 목이 긴 기린이 아니라 동양에서 전해오는 상상의

〈천마도〉

〈천마도〉의 적외선 사진

동물 기린을 일컫는다. 이 기린은 뿔이 달린 모습으로 전해온다.

기린이라는 주장의 핵심 근거는 국보 〈장니 천마도〉속 천마의 머리 정수리에 뿔이 달려 있다는 것이다. 〈장니 천마도〉에 나오는 동물을 자세히 관찰해보면 머리 윗부분이 약간 튀어나와 있다. 1997년 국립중앙박물관 보존과학실에서 〈장니 천마도〉를 적외선 촬영했더니, 정수리 부분에 불룩한 것이 솟아 있음을 확인할 수 있었다. "이것이 뿔이기 때문에 말이 아니라 기린으로 보아야 한다"는 주장이었다. 한때, 기린설이 화제가 되면서 학계의 주목을 받기도 했다. 그런데 천마인지 기린인지를 밝히기 위해선 좀 더 정밀한 검토가 필요하다. 머리에 튀어나온 것을 뿔이라고 단정할 수 없기 때문이다.

신라를 건국한 박혁거세의 신화를 보면 백마(白馬)가 등장한다. '어느 날 백마 한 마리가 하늘로 올라갔고 그 자리에 있던 알을 깨보니 광채가 나는 사내아이가 나왔다. 그가 혁거세였다'는 내용이다. 백마가 건국신화에 등장한다는 점에서, 말은 신라 사람들에게 매우 신성한 존재였음이 틀림없다. 따라서 신라인들의 '말(馬) 신앙'을 염두에 두지 않고 기린이라고 주장하는 것은 곤란하다는 지적이 많다.

천마총에선 금관이 나왔다. 금관이 나온 점으로 미루어 천마총은 왕 또는 왕족의 무덤일 가능성이 높다. 그렇기에 말 그림의 상징적 의미는 더욱 각별하다. 신라인의 내면과 종교적 심성이 담겨 있는 유물이 아닐 수 없다. 〈천마도〉는 그 자체만으로도 아름답고 역동적이며 성스럽고 신비롭다. 1,500여 년 전 경주의 기운이 우리에게 전해오는 듯하다.

첨성대는 별을
관찰하는 천문대였다?

동양에서 가장 오래된 천문대

천년고도 경주시의 도심에는 신라의 상징적인 문화유산들이 매우 많다. 그중 하나인 국보 첨성대(瞻星臺)는 거대한 고분들 사이로 우뚝 솟은 석조 건축물이다. 규모가 엄청난 것은 아니지만 세련된 곡선이 보는 이의 시선을 사로잡는다. 선덕여왕(善德女王, 재위 632~647년) 때 세운 첨성대는 동양에서 가장 오래된 천문대로 알려져 있지만 그건 천문 건축물이라기보다 한 편의 멋진 조형미술 같기만 하다.

높이 9.17미터에 윗부분 지름 2.5미터. 잘 다듬은 화강석으로 사각형의 기단부(받침부)를 만든 뒤 한 단 한 단 돌을 둥글게 배치하면서 쌓아올렸다. 위로 갈수록 좁아지도록 했고 맨 위엔 다

첨성대 기단 부분

첨성대 전체 모습

첨성대 상부 정자석

시 직선의 돌을 2단으로 쌓아 '우물 정(井)자' 모양으로 마감했
다. 외부는 매끄럽게 잘 다듬었지만 내부는 돌부리가 삐죽삐죽
튀어나와 벽면이 고르지 않다. 중간에는 3단 높이(13~15단 사이)
로 사각형 모양의 입구를 냈다.

첨성대를 유심히 들여다보면 신비롭다는 생각이 든다. 그래서
인지 재미있는 추측도 많다. 첨성대의 기단부와 정자석(맨 꼭대
기 우물 정자 모양의 돌) 사이는 모두 27단이다. 이를 두고 27대 임
금 선덕여왕을 상징한다고 말한다. 기단부와 몸체를 합한 28단

은 동양 별자리의 기본인 28수를 상징하고, 첨성대를 구성하고 있는 돌 365개는 1년 365일을 상징한다고 한다.

물론 이에 대해 명백한 근거가 있는 것은 아니다. 그러나 이러한 숫자 이야기는 모두 첨성대가 천문관측대였다는 믿음을 기본 전제로 한 것이다. 그렇다면 이 건물은 정말로 별을 관찰했던 천문대였을까. 많은 사람이 첨성대를 천문관측대로 알고 있지만 전문가들 사이에선 그 실체를 두고 의견이 분분하다.

견해가 다양함에도 대세는 역시 천문대설이다. 이것은 첨성대가 천문 관측을 목적으로 지어진 건축물이라는 견해다. 이에 따르면, 사다리를 이용해 첨성대 중간의 사각형 출입구로 들어가 그곳에서 정상으로 올라간 뒤 맨 꼭대기에 기구를 올려놓고 천문을 관측했다는 것이다. 실제로 첨성대 내부의 출입구 아래쪽은 막돌로 채워져 있어 거기 사다리를 놓고 다시 맨 위쪽으로 올라갈 수 있게 되어 있다. 출입구엔 사다리를 놓았던 흔적도 남아 있다. 또 첨성대 정상부에는 관측기구를 설치할 수 있도록 넓적한 판석(板石)이 깔려 있다.

일제강점기 때의 첨성대 사진들을 보면 흥미로운 장면을 발견할 수 있다. 경주로 수학여행을 간 학생들이 첨성대에 올라가 있는 모습이다. 첨성대 몸돌을 밟고 올라선 학생, 중간의 사각형 출입구에 걸터앉은 학생, 맨꼭대기 정자석까지 올라간 학생…. 첨성대에 올라간 학생들은 한두 명이 아니라 수십 명이다. 지금 첨성대에 올라가면 법을 위반한 것이지만 그 시절엔 가능한 일이었다. 이러한 사진들은 첨성대 꼭대기까지 올라가는 것이 그리 어렵지 않다는 사실을 보여준다.

그럼에도 불구하고 첨성대는 천문을 관측하기에 다소 불편해 보인다. 맨 위쪽 공간(2.2제곱미터)이 비좁기 때문이다. 천문을 관측할 것이라면 애초부터 외부에 사다리를 놓고 정상까지 올라갈 일이지 왜 굳이 힘들게 중간의 좁은 문을 이용했을까 하는 의문도 든다.

천문대설을 반박하는 견해들

여러 의문을 반영하듯 천문대설을 반박하는 견해도 여럿 있다. 제단설·해시계설·우주우물설·미륵신앙설 등이 그것이다. 제단설은 첨성대가 제천의식용으로 만들어졌다는 주장이다. '첨성(瞻星)'이라는 말은 '별을 관측한다'는 뜻이 아니라 '별을 우러러본다'로 해석해야 하고 이는 제천의식을 의미한다는 것이다. 첨성대 맨 위에 있는 우물 정(井)자 모양의 돌은 비를 기원하는 기우(祈雨)의 의미를 담고 있다고 본다.

해시계설은 계절의 절기나 시간을 측정하는 용도로 쓰였다는 견해다. 첨성대에 들어온 빛을 통해 춘분·추분·하지·동지를 측정했다는 주장이다.

우주우물설은 매우 이색적인데, 첨성대가 현세와 신의 세계를 연결하는 우주우물을 상징한다는 견해다. 우주우물설은 첨성대의 특이한 모양이 우물을 형상화했다고 보는 데서 출발한다. 그리고 김유신 집터에 있는 재매정(財買井)이라는 우물과 구조가 똑같다는 점을 그 근거로 제시한다. 첨성대 정상부가 우물 정자 모양인 것도 이와 무관하지 않다고 본다. 신라인들은 우물을 한 세계와 다른 세계를 연결해주는 통로로 여겼고, 따라서 첨성대 역시 현세(인간의 세계)와 신의 세계를 연결해주는 우주 우물이었다는 설명이다.

미륵신앙설은 우주우물설에서 한 걸음 더 나아간 주장이다. 먼 훗날 이 땅의 중생을 구제하기 위해 미륵이 내려올 텐데, 그때를 대비해 만들어놓은 우물 모양의 거주 공간이라는 견해다. 흥미롭지만 상상력을 너무 발휘한 것 아닌가 하는 생각이 든다.

천문과 제의 등
포괄적 의미의 건축물

첨성대의 실체를 두고 이렇게 의견이 분분하다. 그렇다면 첨성대의 실체는 정녕 무엇일까. 다양한 견해들을 잘 들여다보면 공통점이 있다. 하늘과 관련된 그 무엇이다. 여기에서 고대의 천문관에 주목할 필요가 있다. 첨성대가 축조되었던 1,300여 년 전에는 천문·정치·종교·제의·농업은 서로 분리된 것이 아니었다. 태양과 별은 절대 신성의 존재였고 그것을 우러르는 것이

정치적·종교적·문화적 제의의 요체였다.

그렇다 보니 천문 관측은 농경이나 종교 신앙과 밀접했다. 이같은 천문관을 고려해본다면, 첨성대를 어떤 하나의 기능만 지닌 건축물로 보려는 것은 적절치 않다. 그보다는 하늘과 관련된 포괄적인 의미의 건축물로 보는 것이 타당하다. 관측기구를 만들어놓고 사람이 올라가 하늘을 관측했는지 여부는 그리 중요하지 않다는 말이다.

따라서 첨성대는 넓은 의미의 천문대로 보는 것이 합리적이다. 한국과학사의 권위자 박성래 교수의 다음 말처럼 그것을 하늘을 관측했던 천문대였다고 고집할 필요는 없다. "삼국 시대의 천문학은 지금의 그것과는 달리 점성술에 관련된 부분이 많이 섞여 있다는 사실을 인정하면 천문대의 범위도 그만큼 포괄적일 수밖에 없다"(박성래, 《한국인의 과학정신》).

그렇지만 그 누구도 단정할 수는 없다. 의문은 이어질 것이고 연구도 계속될 것이다. 누군가 "실체를 확인하기 위해 첨성대 주변을 발굴해보자"고 제안하기도 했다. 언젠가 발굴이 이뤄질 가능성도 있다. 그렇지만 발굴이 이뤄진다고 해서 이 궁금증이 만족스럽게 풀릴 것 같지는 않다. 첨성대의 미스터리라고 할 수 있다. 그런데 이 미스터리는 멋진 외형과 함께 첨성대의 또 다른 매력이 아닐 수 없다.

에밀레종에는 정말로
아이가 들어갔을까?

신라인의 불심과 예술 혼이 담긴
성덕대왕신종

매년 1월 1일 0시, 송구영신의 때가 되면 서울의 도심 한복판 보신각과 전국 곳곳에서 제야(除夜)의 타종 행사가 열린다. 수많은 사람이 이곳에 모여 33번의 종소리가 울려퍼질 때마다 지나간 시간에 대한 아쉬움을 달래고 새로운 희망을 꿈꾼다.

종(鐘)은 예로부터 사찰에서 새벽과 저녁 시간을 알려주거나 불교 행사 등을 알리기 위해 사용하는 불구(佛具)였다. 사람들은 종소리를 부처의 음성에 비유하곤 한다. 그래서 "지옥의 중생도 사찰의 종소리를 들으면 모두 깨어나 극락으로 간다"는 말까지 생겨났을 정도다. 진리의 말씀을 듣고 영혼을 맑게 하기 위해

에밀레종으로도 불리는
성덕대왕신종

사람들은 종을 치고 그 종소리를 듣는다.

국립경주박물관에 가면 국보 성덕대왕신종(聖德大王神鐘)이 있다. 에밀레종이라는 이름으로 더 익숙한 성덕대왕신종은 깊고 그윽한 종소리, 세련된 디자인과 우아한 곡선 등으로 우리에게 이미 신비로운 존재로 자리 잡았다. 통일신라 성덕왕의 위업을 기리기 위해 혜공왕 때인 771년에 만들어졌다. 높이 3.66미터, 아래쪽의 입구 지름 2.23미터, 무게 18.8톤. 처음엔 경주 봉덕사에 설치했지만 몇 차례의 이전을 거쳐 현재는 국립경주박물관 야외에 전시되어 있다.

성덕대왕신종은 우리나라 종 가운데 가장 장중하고 아름답다. 부드러운 곡선과 조형미는 단연 압권이다. 몸체 중앙에 장식한 비천상(飛天像) 또한 매력적이다. 우아하면서도 생동감이 넘쳐 종이 울리면 비천들이 극락에서 지상으로 내려올 것만 같다. 성덕대왕신종은 기본적으로 신라인들 불심(佛心)의 산물이다. 그러나 이 종에는 불교적 의미뿐만 아니라 성덕대왕의 극락왕생을 기원하고 신라의 평화와 번영, 신라인들의 안녕을 갈망하는 마음도 함께 담겨 있다. 무릎을 꿇고 향로를 든 채 공양하고 있는 비천상은 바로 성덕왕의 명복과 신라의 번영을 기원하는 모습이다.

성덕대왕신종은 외형이나 조형미에서 한국 전통 범종의 전형으로 평가받는다. 흥미로운 점은 전형이면서도 두드러진 독창성을 보여준다는 사실이다. 전통 종을 보면 몸체 윗부분에 사각형 공간을 4개 구획해놓고 거기에 9개씩의 연뢰(蓮蕾, 연꽃 봉오리)를 장식했다. 우리의 전통 종은 모두 연뢰가 돌출되어 있는데 성덕대왕신종의 연뢰만 돌출되지 않고 납작하다. 매우 이례적인 경우다.

한국 종 모두 맨 아래 입구가 반듯한 일자(一字)로 되어 있는데 성덕대왕신종은 종 입구에 8개의 굴곡을 만들어놓았다. 이같은 굴곡은 종 입구에 변화를 주어 생동감과 함께 세련된 아름다움을 연출한다. 다른 종들과 구별되는 성덕대왕신종만의 특징이자 매력이라고 할 수 있다.

성덕대왕신종 아랫부분

성덕대왕신종 비천상

성덕대왕신종 맨 위 용뉴 부분

종소리의 비밀은
맥놀이 현상의 극대화

이러한 디자인과 구조는 종소리와 분명 연관이 있을 것이다.
종을 매달 수 있도록 종의 맨 위에 용뉴(龍鈕, 용 모양의 고리)를
설치하는데 성덕대왕신종의 용뉴에 장식된 용의 모습은 무척
이나 역동적이다.

성덕대왕신종을 만들었던 8세기는 통일신라 미술의 최전성
기였다. 성덕대왕신종을 비롯해 석굴암·불국사·다보탑·석가탑·
무구정광대다라니경 등 한국사에 길이 남을 만한 위대한 문화

유산들이 이 시기에 만들어졌다. 이 시기는 단순히 통일신라만의 전성기가 아니라 한국미술사 전체에 있어 두드러진 전성기였다. 그렇기에 성덕대왕신종의 역사적 가치는 더욱 빛난다.

성덕대왕신종의 궁극의 매력은 종소리에 있다. 지표면을 따라 멀리 퍼져가는 깊고 그윽한 종소리는 끊길 듯 이어지며 긴 여운을 남긴다. 그렇다면 성덕대왕신종 종소리의 신비는 과연 어디에서 오는 것일까. 그동안 많은 과학자들이 그 비밀을 밝혀내고자 도전해왔다. 지금까지의 연구 성과를 종합해볼 때, 비밀의 핵심은 다름 아닌 맥놀이 현상의 극대화에 있다. 맥놀이는 소리가 커졌다 작아졌다를 반복하는 것을 말한다. 이 맥놀이가 길게 이어지면 이어질수록 종소리는 여운이 오래 남고 더욱 풍성해진다.

종소리에서 맥놀이가 발생하려면 종의 몸체를 비대칭으로 만들어야 한다는 것이 과학계의 정설이다. 성덕대왕신종의 몸체 안쪽을 보면, 놀랍게도 안팎 표면의 두께가 일정하지 않고 불규칙하다. 안쪽에 부분적으로 덧댄 꺼칠꺼칠한 쇳덩어리, 바깥쪽의 상부에 만들어진 36개의 연뢰가 몸체 두께의 비대칭 효과를 가져온다고 한다. 무늬·두께·무게의 비대칭에 힘입어 한 부위의 종소리가 다른 부위의 종소리와 교란을 일으키고 그로 인해 맥놀이가 발생한다는 것이다.

그러나 성덕대왕신종의 신비로운 종소리를 지금은 직접 들을 수 없다. 2004년부터 타종을 중단했기 때문이다. 타종을 할 경우, 종에 충격을 주어 자칫 심각한 훼손을 초래할 수 있다는 판단에서였다. 성덕대왕신종이 제작된 지 1,300년 가까운 세월이 흘렀으니 종이 점점 약해지고 훼손되어가는 것은 불가피한 현상이다.

종소리를 직접 들을 수 없게 된 사연

타종 중단 문제를 놓고 전문가들 사이에서 오랫동안 뜨거운 논란이 있었다. 1992년 국립경주박물관은 종의 안전에 위험이 있을 수 있다는 우려에 따라 1993년부터 타종을 중단하기로 결정했다.

그러자 "종은 쳐야 종이다. 전통 종의 본질은 쳐서 소리를 내는 것이다"라는 타종 찬성론과 "종을 계속 치면 종이 훼손된다. 타종을 중단하고 안전하게 보존해 후대에 물려줘야 한다"는 타종 반대론이 팽팽히 맞섰다. 국립경주박물관은 종의 안전 상태를 과학적으로 검증하기 위해 종합안전진단을 실시했고 그 결과 타종이 불가능할 정도의 결함은 발견되지 않았다고 발표했다. 이에 따라 국립경주박물관은 2001년 타종을 재개했다.

그러나 또다시 종의 안전에 대한 우려가 제기되자 박물관은 2004년에 타종을 완전히 중단했다. 그 후 우리는 "에밀레~" 하는 종소리를 직접 들을 수 없게 되었다. 아쉽지만 현장에서는 녹음해놓은 종소리를 들어야 한다.

성덕대왕신종 이야기를 하면서 에밀레 전설을 빼놓을 수 없다. 종을 주조할 당시 한 여인이 독실한 불심을 담아 아기를 공양함으로써 무사히 종이 만들어졌고 그 후 종을 칠 때면 어머니를 애타게 부르는 아기 목소리(에미일레라, 에미일레라)가 들린다는 전설이다.

그럼, 정말로 어린 아기가 들어간 것일까. 1990년대 말 국립경주박물관은 성덕대왕신종의 성분을 분석한 적이 있다. 종의 12군데에서 극소량의 샘플을 채취한 뒤, 1,000만 분의 1% 성분까지 조사할 수 있는 극미량원소 분석기로 분석을 실시했다. 그러나 사람 뼈의 주성분의 하나인 인은 검출되지 않았다. 주조 당시 어린아이를 넣었다는 얘기는 사실이 아님이 확인되었다.

이 결과에 대해 사람들은 많이 아쉬워했다. 하지만 아쉬워할 필요는 없다. 에밀레 전설은 진위 여부가 중요한 것이 아니라 그 전설에 담겨 있는 신라인들의 지극한 마음이 더 중요하기 때문이다.

'제야의 타종' 때 종을 33번 치는 이유

매년 12월 31일 자정에 거행되는 '제야의 타종' 행사도 그렇고, 중요한 국가적·사회적 행사에서 타종을 할 때는 어김없이 종을 33번친다.

왜 33번 종을 치는 것인지 정확한 근거를 찾기는 어렵다. 그러나 불교의 우주관이 반영되었을 것이란 견해가 지배적이다. 불교엔 도리천(忉利天)이라는 하늘의 세계가 있다. 이 도리천엔 모두 33천(天)이있는데 이곳 사람들은 모두 무병장수(無病長壽)한다고 한다. 무병장수라고 하면, 보통의 인간들에겐 가장 부러운 일이다. 무병장수하는 33천으로 가고 싶은 중생들의 욕망. 그 욕망을 반영하여 종을 33번쳐온 것이 아닐까.

종을 한두 번 치고 마는 것이 아니라 33번씩이나 치는 것은 종소리가 더욱 멀리 퍼지길 바라는 의미도 담겨 있다. 그래야 더 많은 사람이 그 종소리에 자신의 희망을 담아 보낼 수 있고 또 더 많은 중생이깨달음을 얻어 고통으로부터 해방될 수 있기 때문이다.

500년 동안 팔만대장경을 지켜낸 힘은?

불력(佛力)으로 몽골을 물리치고자 했던 고려인들의 절절한 기원

경남 합천 해인사에 가면, 유명한 팔만대장경이 있다. 국보로 지정되어 있으며 공식 명칭은 합천 해인사 대장경판이다. 이 팔만대장경은 오래된 목조 건물인 해인사 장경판전(藏經板殿)에 보관 중이다. 장경판전은 거창하지도 않고 그저 소박한 건물이지만 국보로 지정되었다.

팔만대장경과 이를 보관하고 있는 건물 모두 국보라니, 매우 이례적인 일이다(자세한 내용은 제1장 중 '국보 더 들여다보기' 참조). 어디 이뿐인가. 장경판전 건물은 유네스코 세계유산이고 팔만대장경은 유네스코 세계기록유산이다. 더더욱 놀라운 일이 아

해인사 팔만대장경과 장경판전

닐 수 없다.

대장경은 부처의 가르침을 기록한 불교 경전을 총망라한 것이다. 해인사의 대장경은 경판의 수가 8만 1,258장이고 8만 4,000 번뇌에 해당하는 8만 4,000 법문을 실었다고 해서 흔히 팔만대장경이라고 부른다.

해인사 팔만대장경의 뿌리는 11세기 초조(初雕)대장경으로 거슬러 올라간다. 초조는 처음 새겼다는 뜻이다. 거란이 이 땅을 침입해오던 1011년 고려인들은 나라를 구하겠다는 일념으로 대장경 판각을 시작했고 1087년에 완성했다. 그것이 초조대장경이다. 송과 거란 등의 대장경을 종합해 만든 것으로 당시로

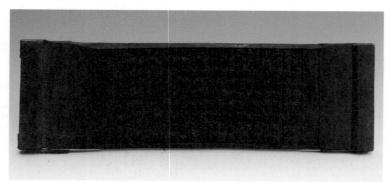

16년에 걸쳐 제작된 팔만대장경 경판

장경판전 장경문

서는 가장 방대한 대장경이었다.

그런데 초조대장경 목판은 1232년 몽골의 침입으로 소실되었고 그것을 찍은 판본만이 일부 전한다. 초조대장경 목판이 모두 불에 타버리자 고려인들은 대장경을 다시 만들었다. 이것이

재조(再雕)대장경이고 그 가운데 가장 대표적인 것이 해인사 팔만대장경이다. 팔만대장경은 1236년부터 1251년까지 16년에 걸쳐 제작되었다. 불력(佛力)으로 몽골의 침략을 물리치고자 했던 고려인들의 절절한 기원이 경판 하나하나에 담겨 있다.

팔만대장경을 보관한
장경판전의 놀라운 과학적 구조

팔만대장경은 우리에게 매우 익숙하다. 그런데 해인사에 가면 경판뿐만 아니라 그걸 보관하고 있는 목조 건물 장경판전도 눈여겨보아야 한다. 벌써 500년 넘게 팔만대장경을 완벽하게 보존해오고 있기 때문이다.

해인사 장경판전은 조선 시대에 지은 목조 건축물이다. 이 건물을 처음 지은 시기는 정확하게 알려져 있지 않다. 조선 세조 때인 1457년 크게 다시 지었고 1488년 성종 때에 왕실의 후원으로 또다시 지었다는 내용 정도만 알려져 있다. 그 후 수차례의 수리를 거쳐 오늘에 이르고 있다.

장경판전은 남북으로 배치된 두 채의 긴 건물(정면 15칸, 측면 2칸)과 그 사이의 작은 건물(정면 2칸, 측면 1칸)로 이뤄져 있다. 위에서 내려다보면 4채의 건물이 길쭉한 네모 모양의 공간을 구성한다. 긴 건물 가운데 남쪽(앞)의 건물은 수다라장(修多羅藏), 북쪽(뒤)의 긴 건물은 법보전(法寶殿)이다.

수다라장 앞면 환기창　　　　　　　수다라장 뒷면 환기창

　언뜻 보면 그저 단순한 건물인데, 별다른 시설도 없이 500여
년 동안 팔만대장경을 어떻게 지킬 수 있었던 것일까. 전문가들
은 수다라장과 법보전의 벽 위아래에 붙어 있는 붙박이살 환기
창을 주목한다. 잘 들여다보면, 위아래 창의 크기가 서로 다르
다. 수다라장 앞쪽 벽 남향창은 아래창의 크기가 위창의 4배이
고 뒤쪽 벽의 북향창은 위창 크기가 아래창의 1.5배 정도다. 법
보전도 각각의 크기는 조금씩 다르지만 비율은 비슷하다. 작 창
을 이렇게 고안한 이유는 내부로 들어오는 공기가 아래 위로 돌
아나가도록 하고, 공기 유입량과 유출량을 조절함으로써 적정
습도를 유지하기 위해서였다.

　또한 건물을 서남향으로 배치하여 건물에 직사광선이 들지

않도록 했으며 건물 내부 바닥엔 숯, 횟가루, 소금 등을 뿌려 습도를 조절하고 해충을 막아냈다. 이렇게 이중 삼중의 안전장치를 통해 장경판전 건물 내부의 통풍과 습도 문제를 해결했다. 그렇기에 그 오랜 세월 팔만대장경을 보존할 수 있었고, 이에 힘입어 유네스코 세계유산으로 등재된 것이다. 팔만대장경과 장경판전은 그야말로 환상의 콤비가 아닐 수 없다.

제작 시기와 장소를 둘러싼 미스터리

팔만대장경을 두고 아직 풀리지 않는 궁금증이 남아 있다. 제작 시기와 제작 장소에 관한 것이다. 팔만대장경은 16년 동안의 작업 끝에 1251년 제작을 마친 것으로 알려져왔다. 그러나 1237년부터 1248년까지 12년 동안 판각했다는 견해도 있다.

제작 장소 논란이 특히 흥미롭다. 그동안 학계에선 인천 강화도 제작설, 경남 남해 제작설, 강화도와 남해 공동제작설이 제기되어왔다. 일반적으로는 강화도에서 팔만대장경을 판각했다는 견해가 지배적이다. 제작 직후 강화도성 서문 밖의 대장경 판당(板堂)에 보관해오다 강화도 선원사를 거쳐 조선 태조 때인 1398년 서울에 있는 지천사(支天寺)로 옮긴 뒤 그 해 다시 합천 해인사로 옮겼다는 견해다.

하지만 반론도 만만치 않다. 반론은 우선 '엄청난 양의 팔만대장경을 강화에서 합천 해인사까지 여러 차례 옮기는 것이 가능한 일인지' 의문을 제기한다. 경판 8만 1,258장의 무게는 대략 280톤. 실제로 경판을 옮기려면 경판과 경판 사이에 완충용 종이도 넣어 포장을 해야 한다. 완충지와 포장 재질의 무게까지 합하면 그 무게는 훨씬 더 늘어나 400톤에 육박할 것이다. 그렇다면 지금의 10톤 트럭 40대가 필요하다. 이 같은 상황이라면 강화 제작설보다는 남해 제작설에 무게가 실린다. 이와 관련해, '경판의 목재 재질을 분석해보니 남부 지역에서만 자라는 후박나무, 거제수나무 등이 포함되어 있다'는 연구 결과도 나온 바 있다. 남해 제작 가능성을 보여주는 대목이다.

강화도에서 만든 뒤 합천 해인사로 옮긴 것인지, 아니면 남해 등 남부 지방에서 만들어 가까운 해인사로 옮겨놓은 것인지 단정 지을 수는 없다. 하지만 흥미로운 미스터리임에는 틀림없다. 이 미스터리는 팔만대장경의 신비감을 더해주고 팔만대장경과 장경판전의 위상을 더욱 높여준다.

《조선왕조실록》은 어떻게 보관해왔을까?

△ ⌒ □

세계에서 유례 없는
25대 472년간 왕들의 기록

어느 역사학자는 《조선왕조실록》을 두고 "그 꼼꼼한 기록에 몸서리 처질 정도"라고 말했다. 조선 태조 때부터 철종 때까지 25대 472년간(1392~1863) 왕들의 행적과 역사를 매일매일 날짜 순서로 기록한 《조선왕조실록》의 철저함과 치밀함을 가장 적절히 표현한 말이다.

세종 때의 실록은 《세종실록》, 정조 때의 실록은 《정조실록》이라고 한다. 그러나 일제강점기 때 편찬된 《고종실록》과 《순종실록》은 《조선왕조실록》에 포함시키지 않는다. 엄밀히 말해 일제가 만들었기 때문이다. 《고종실록》과 《순종실록》은 일제강점

《조선왕조실록》 태백산 사고본

《조선왕조실록》
정족산 사고본 《성종실록》

기 때인 1927년에 편찬하기 시작해 1934년 편찬을 마무리했다.

《조선왕조실록》은 그 내용에서 방대함을 자랑한다. 총 1,893
권, 888책. 요즘으로 치면 888권에 1,893장(챕터)이라고 할 수
있다. 당시의 정치·경제·사회·문화·예술·생활 등 모든 분야를 망
라한다. 한 왕조의 역사를 500년에 걸쳐 기록한 것도 세계에서
유례가 없는 일이며, 그 분량 역시 세계에서 가장 방대하다. 세
계적으로 유명하다는 중국의 《대청역조실록(大淸歷朝實錄)》도
296년간의 기록에 불과하다. 《조선왕조실록》은 따라서 세계 최
대 최고의 기록물이라 말하기에 충분하다.

그런데 《조선왕조실록》 하면 늘 따라다니는 용어가 있다. 다

름 아닌 '사고(史庫)'다. 사고는 《조선왕조실록》을 보관하는 장소인데 이에 관한 내력이 들으면 들을수록 흥미롭다. 조선왕조 초기인 태조·정종·태종 때는 실록을 2부씩 작성해 각각 서울 경복궁 내 춘추관과 충주의 사고에 보관했다. 세종 때인 1445년부터는 2부를 추가해 총 4부를 작성했고 전북 전주, 경북 성주에 사고를 더 지어 여기에 분산 보관했다. 이때부터는 4부를 작성해야 했기에 효율을 높이기 위해 활자로 인쇄하기 시작했다.

만일의 사태에 대비한
실록 보관 시스템

그러나 임진왜란의 와중에 춘추관, 충주, 성주의 3개 사고가 불에 타버리면서 이곳에 보관하던 실록(태조부터 명종까지)이 소실되고 전주사고의 실록만 남게 되었다. 선조는 전란이 끝난 뒤 1603년부터 1606년까지 이 전주 사고본을 토대로 3부를 다시 출판했고 최종 교정본까지도 출판해 보관하도록 했다. 이렇게 해서 《조선왕조실록》은 총 5부로 늘어났다. 이때부터 전주에 있던 것은 강화도 마니산에 보관했고, 새로 찍은 3부는 경복궁 춘추관, 경북 봉화 태백산, 평북 영변 묘향산에 보관했다. 그리고 교정본은 강원도 평창 오대산에 분산 보관했다.

그런데 인조 때 또다시 사고가 발생했다. 춘추관에 보관하던 것이 1624년 이괄의 난에 의해 불에 타버리고 없어져《조선왕조실록》은 다시 4부로 줄었다. 한편, 묘향산에 있던 것은 후금과의 관계가 악화되는 바람에 만일의 사태에 대비해 전북 무주 적상산으로 옮겨 보관했다. 아울러 강화도 마니산 보관본은 1636년 조선에 침략한 청에 의해 일부가 훼손되었고 현종 때 이를 보수했다.

1678년 숙종은 강화도 마니산 보관본을 강화도 내 정족산으로 옮겼다. 이후 《조선왕조실록》 보관 시스템은 다시 안정을 찾았고 이에 따라 태백산본·오대산본·적상산본·정족산본으로 나뉘어 보관되어왔다.

외세 침략의 시련 속에서
실록을 지켜낸 사람들

이후 200년 넘게 안정을 유지했던 《조선왕조실록》은 1900년대 들어 일제에 의해 또 한 차례의 수난을 겪어야 했다. 1907년 일제 통감부는 4개 사고에 있던 실록을 모두 서울로 옮겼다. 1910년 국권을 빼앗은 일제는 이 실록마저 자신들의 소유로 만들어버렸다. 이때 일제는 오대산본을 일본 도쿄제국대학(지금의 도쿄대학)으로 빼앗아갔고 적상산본은 이왕직(일제강점기에 조선 왕실의 일을 맡아보던 관청) 도서로 등록해 창경궁 내 이왕직 장서각에 보관했으며 나머지 태백산본, 정족산본은 조선총독부에서 직접 관리했다.

《조선왕조실록》 교정본이 보관되어 있던 오대산 사고

　그런데 1923년, 도쿄에 대지진이 일어나면서 도쿄제국대에 있던 오대산본의 대부분이 소실되는 참사가 일어났다. 화를 면하고 살아남은 오대산본 가운데 27책이 1932년에 서울의 경성제국대학으로 이관되었다. 조선총독부는 1926년 태백산본과 정족산본을 경성제대 도서관으로 옮겼다.

　광복이 찾아오고 서울대학교가 개교하면서 태백산본과 정족산본은 서울대학교가 관리하게 되었다. 1950년 한국전쟁 때엔 북한 인민군이 창경궁의 이왕직 장서각에 있던 적상산본을 북으로 빼내갔고 현재 평양의 김일성종합대학에 보관하고 있다.

　1986년 우리 정부는 서울대학교에 있던 실록 가운데 태백산본을 부산에 있는 국가기록원 역사기록관으로 이관했다. 중요한 문화유산을 한 곳에만 모아놓을 경우, 유사시에 모두 피해를 볼 수 있다는 판단에 따라 분산 보관하기로 한 것이다. 2006년 엔 도쿄대에 남아 있던 오대산본 실록 47책이 서울대학교 규장각으로 반환되었다.

《조선왕조실록》의 역사를 돌아보면 그야말로 시련의 연속이었다. 임진왜란 때엔 이런 일도 있었다. 사고 3곳이 불에 타버리고 전주사고만 남은 상황에서, 왜군이 전주로 진격해오고 있다는 소식이 전해지자 전라감사 등은 보호 대책을 강구하기 시작했다. 그러나 대책이 마땅치 않았다.

고민하던 차에 정읍의 선비 안의(安義)와 손홍록(孫弘祿)이 힘든 일을 자처했다. 이들은 위험을 무릅쓰고 가솔들과 함께 우마(牛馬)를 이끌고 전주사고로 달려갔다. 안의는 64세, 손홍록은 56세였다. 이들은 전주사고에 보관되어 있던 실록을 궤짝 64개에 옮겨 우마에 싣고 정읍 내장산 용굴암으로 옮겼다. 그 날이 1592년 6월 22일이었다.

이것만으로도 완전하지 않다고 생각한 안의와 손홍록은 산속 더 깊은 곳의 은봉암, 비래암으로 또다시 실록을 옮겼다. 두 사람과 승려, 관리들은 1593년 7월까지 꼬박 13개월 동안 매일 불침번을 서가며 실록을 지켜냈다. 만약 그들이 없었다면 《조선왕조실록》은 어떻게 되었을까. 그 치열함을 기리기 위해 문화재청(국가유산청)은 6월 22일을 '문화유산 지킴이'의 날로 정하기도 했다.

현재 정족산 사고본은 서울대학교 규장각 한국학연구원이, 태백산 사고본은 부산의 국가기록원 역사기록관이, 오대산 사고본은 국립조선왕조실록박물관(강원도 평창군)이, 적상산 사고본은 국립중앙박물관과 한국학중앙연구원이 소장하고 있다. '분산 보관'의 취지를 살린 것이다.

하지만 오대산본과 적상산본은 아직도 우리를 안타깝게 한다. 지극히 일부만 존재하기 때문이다. 오대산본은 일제강점기 때 일본으로 빼앗겼다 상당수가 소실되고 일부만 살아남은 것들이다. 적상산본은 한국전쟁 때 북한으로 유출되어 현재 남아있는 것은 4책 뿐이다.

《조선왕조실록》은 우리의 국보이자 유네스코 세계기록유산이다. 하지만 그 지난했던 내력을 돌아보면 마음이 숙연해진다. 특히, 임진왜란 때 전주 사고본을 지켜냈던 정읍의 두 선비 이야기는 늘 감동적이다. 그들이 없었다면 명종 이전 시기의 실록은 모두 사라졌을지도 모른다. 아찔한 일이 아닐 수 없다. 세월이 흘러 이제는 이 이야기도 《조선왕조실록》의 멋진 역사가 되었다.

디지털 자동 물시계, 자격루의 작동 원리

자격루에서 창경궁 자격루 누기로 명칭이 바뀐 사연

2019년 말 개봉한 영화 〈천문 : 하늘에 묻는다〉에는 자격루(自擊漏)가 등장한다. 세종이 지켜보는 가운데 장영실(蔣英實, ?~1442)이 자격루를 작동시키며 그 원리를 설명하는 장면이다. 자격루의 이름은 비교적 익숙하지만 실제 모습이나 작동 원리는 낯설어하는 사람이 많다.

자격루는 조선 세종대왕의 명에 따라 과학자 장영실이 만들었다. 자격루는 일정한 속도로 물을 흘려보내 일정한 시차로 구슬과 인형을 움직인 뒤 인형이 종, 징, 북을 쳐서 시간을 알려주는 첨단 자동제어 물시계다. 자격루는 현재 국보로 지정되어 있

자격루가 디자인된 옛 1만 원권

다. 공식 명칭은 창경궁 자격루 누기(漏器). 자격루의 물통이라
는 뜻이다.

그럼, 국보 자격루 누기는 어떤 모습일까. 우선 2007년까지
사용했던 1만 원권 지폐를 떠올려보자. 지금 사용하는 것보다
크기가 큰 1만 원권이다. 앞면에 세종대왕 초상이 있고 그 옆에
자격루의 모습이 디자인되어 있었다. 그리고 뒷면에는 경회루
의 모습이 들어 있었다. 그런데 영화 〈천문〉에 나오는 자격루와
옛 1만 원권에 나오는 자격루(국보 창경궁 자격루 누기)는 그 모습
이 서로 다르다. 아니, 비슷한 것 같기도 하고 다른 것 같기도
하다.

현재 국립고궁박물관에 전시된 창경궁 자격루 누기

　자격루는 1434년 장영실이 만들었다. 그 자격루는 원래 경복
궁 경회루 남쪽 보루각(報漏閣)에 설치되었으나 그 후 창덕궁으
로 옮겨졌고 임진왜란 때 불에 타 사라졌다. 국보 자격루 누기
(옛 1만 원권 속 자격루)는 1536년 중종 때 다시 만들어 창경궁에
설치했던 것이다.

　그런데 국보 자격루 누기를 눈여겨보면, 그 모습이 좀 의아하
다. 커다란 물항아리 하나, 작은 물항아리 두 개, 그리고 길쭉한
물받이통(물기둥) 두 개가 전부다. 이것이 어떻게 첨단 물시계란
말인가.

　이것들은 자격루 자체가 아니라 자격루를 구성하는 일부 부

복원된 자격루의 모습

품이다. 그래서 자격루라고 부르던 명칭을 자격루 누기로 바꾼 것이다. 큰 물항아리는 지름 93.5센티미터에 높이 70센티미터, 작은 물항아리는 지름 46센티미터에 높이 40.5센티미터, 물받이통은 높이 196센티미터에 바깥지름 37센티미터다.

《세종실록》토대로
자격루 복원 및 작동에 성공

그렇다면 자격루의 온전한 모습을 어떠했을까. 경복궁 내 국립고궁박물관에 가면 원형에 가깝게 복원된 자격루가 실제로 작동되는 모습을 볼 수 있었다. 자격루의 복원 및 작동에는 과학사학자인 남문현 선생(전 건국대 교수)의 열정이 큰 영향을 미쳤다. 남 교수는 1980년대 중반부터 《세종실록》의 기록 등을 토대로 자격루의 작동 원리를 탐구해 그 원리를 밝혀냈다. 이어 문화재청(국가유산청)과 남 교수팀은 1997년 본격적인 복원 작업에 착수했고 2007년 복원 및 작동에 성공했다. 복원된 자격루는 크기가 가로 8미터, 세로 5미터, 높이 6미터로, 전시실 하나를 꽉 채울 정도로 장대하고 육중하다.

자격루의 작동 순서와 원리는 대략 다음과 같다.

① 커다란 물항아리에 물을 넣고 일정한 속도로 작은 항아리를 거쳐 길쭉한 원통형 항아리로 흘려보낸다.

② 물이 유입되면 원통형 항아리 속의 잣대가 위로 떠오르면서 정해진 위치의 잣대 위에 놓여 있는 작은 구리구슬을 일정한 시간 간격으로 건드린다.

③ 이 작은 구슬은 커다란 구리구슬을 건드려 오른쪽 시보장치 상자로 밀어낸다.

④ 커다란 구리구슬은 시보장치 위쪽의 인형을 건드리면서 이 인형이 종, 북, 징을 치도록 한다. 2시간마다 울리는 종소리는 자시(쥐), 축시(소), 인시(호랑이) 등의 12지시를 알려주고, 북소리는 12지시 중 밤 시간인 초경, 2경 등의 5경을 알려준다.

⑤ 종을 치는 순간, 시보장치 속의 12지 동물(쥐·소·호랑이·토끼 등)이

뻐꾸기시계처럼 작은 구멍으로 튀어오르도록 함으로써 자시(오후 11시)인지, 축시(오전 1시)인지, 인시(오전 3시)인지 알려준다.

놀라운 제어 시스템이 아닐 수 없다. 다시 정리해보자. 자격루는 2시간마다 한 번씩 하루에 열두 번 종을 쳐서 시각을 알린다. 2시간마다 종소리만 한 번씩 울리면 그것이 자시인지, 축시인지, 인시인지 구분하기 어려우니 자시·축시·인시에 해당하는 인형이 시보장치 밖으로 튀어나오도록 고안했다.

그리고 술시(오후 7시)부터 인시(오전 5시)까지 밤(초경·이경·삼경·사경·오경)에는 종소리와 별도로 북과 징을 쳐서 시각을 알려준다. 초경에는 북소리 한 번, 이경에는 북 소리 두 번이 울리도록 하는 방식이다. 이렇게 소리를 구분한 이유는 낮과 밤 시간을 혼돈하지 않도록 하기 위함이었다. 이렇게 해서 정확한 시간을 알릴 수 있었다. 이를 두고 《세종실록》에는 "숨었다가 때를 맞춰 번갈이 올라오는 인형들…조금도 틀림이 없으니…귀신이 하는 것 같았다"라고 기록되어 있다.

여러 단계에서 어느 하나라도 삐끗하면 정확한 시간을 알려줄 수 없다. 그중에서도 물의 흐름을 일정하게 유지하도록 세팅하는 것과 이를 통해 인형을 정확하게 쳐올리도록 하는 제어 시스템이 핵심 관건이다. 장영실은 이러한 자동 시스템을 완벽하게 구현했다.

국보 창경궁 자격루 누기, 그러니까 옛 1만 원권 속의 자격루는 2018년까지 덕수궁 경내에 있었다. 일제는 1938년 덕수궁에 석조전 서관을 짓고 이왕가미술관을 개관하면서 덕수궁 한복판에 있던 광명문(光明門)을 남서쪽 구석으로 옮겨버렸다. 그러곤 창경궁에 있던 자격루를 옮겨와 광명문 밑에 전시하기 시작했다.

일제가 이렇게 한 것은 덕수궁 공원화 계획의 일환이었다. 하지만 2000년대 들어 덕수궁 복원 프로젝트가 시작되었고 2019년 3월 1일 광명문은 원래 위치였던 함녕전(咸寧殿) 앞으로 옮겨 복원되었다. 이때부터 자격루는 수리와 보존 처리에 들어갔다.

자격루의 작동 원리는 우리를 놀라게 한다. 통념을 뛰어넘을 정도로 탁월하다. 세종의 자주성와 애민정신, 장영실의 창의성과 열정 그리고 일제에 의한 수난사까지. 기억해야 할 과학 문화유산이 아닐 수 없다.

국보 창경궁 자격루 누기는 보존 처리를 거쳐 2022년 12월부터 국립고궁박물관에서 전시되고 있다. 대신 그때까지 국립고궁박물관에 전시되고 있던 복원 자격루(모형)는 대전의 국립중앙과학관으로 옮겨졌다.

궁중 과학기술자 장영실의 다른 발명품들

혼천의·앙부일구·측우기

조선의 대표적인 과학자 장영실은 부산 동래현의 관노(관청 소유의 노비)로 태어났다. 정확한 출생시기는 알 수 없지만 대략 1390년 무렵 태어난 것으로 전해온다. 세종은 그의 과학적 재능을 알아보고 궁중 과학기술자로 발탁했다. 장영실은 노비 신분을 벗어던지고 종3품의 지위에 오르면서 세종 시대 다양한 천문 과학기기를 발명하고 제작했다.

장영실은 1430년대 들어 과학자 이천과 함께 여러 천문기기를 설계하고 제작하기 시작했다. 간의(簡儀)를 만들어 한양의 위도를 측정했으며 혼천의를 만들어 천체 운행과 그 위치를 측정했다. 또 휴대용 해시계인 앙부일구(仰釜日晷)를 제작했고 해시계와 별시계의 기능을 결합한 주야간 시계 일정정시의(日星定時儀)도 발명했다. 시계 제작에 매진한 장영실은 자동 물시계 자격루를 만들고 4년 뒤인 1438년 옥루(玉漏)를 제작했다. 옥루는 장영실이 자신을 발탁해준 세종을 위해 만든 자동 물시계다.

장영실은 금속활자에도 관심을 갖고 1434년 조선 시대 대표적 활자인 갑인자(甲寅字)를 완성했다. 1434년 갑인년에 만들었다고 해서 갑인자라 부른다. 조선에서는 1403년 금속활자 계미자(癸未字)를 만들었지만 활자와 조판틀에 문제가 있어 여러 어려움을 겪어야 했다. 활자의 크기도 일정하지 않았고 활자를 고정하는 데 밀랍을 사용하다

보니 밀랍이 녹아버려 오랫동안 사용할 수 없었다. 장영실은 이런 문제점을 해결해 튼튼하고 아름다운 갑인자를 만들었다. 갑인자 덕분에 선명하고 아름다운 인쇄가 가능해졌으며 인쇄 속도도 무척 빨라졌다. 이로써 책의 대량 생산이 가능해졌고 이렇게 해서 갑인자는 세종 시대 문화와 학문의 발전에 크게 기여했다.

1442년엔 측우기를 발명했다. 원통형 쇠그릇 모양인 측우기는 서양보다 약 200년 앞서 발명된 세계 최초의 과학적 강우(降雨) 측정기다. 그때까지 조선에서는 땅에 스며든 물의 깊이로 강우량을 측정했다. 그렇다 보니 비과학적이고 부정확했다. 장영실은 제대로 된 과학적 측우기구를 개발해 기존의 문제점을 해결했다.

고인돌에 담긴
정치경제학의 비밀

2000년 유네스코 세계유산에
등재된 한반도의 고인돌

고인돌은 남한에만 2만 9,000여 기, 한반도 전체에 4만여 기가 존재하는데, 이는 전 세계 고인돌의 40%에 해당하는 양이다. 놀라운 숫자가 아닐 수 없다. 그래서 우리나라를 두고 '고인돌의 나라' '고인돌의 세계적 보고'라고 부른다.

고인돌은 청동기 시대의 대표적 무덤이다. 돌을 괴어 만들었다고 해서 고인돌이라고 한다. 한자로는 지석묘(支石墓)다. 우리나라 고인돌은 출토 유물의 연대로 보아 기원전 10세기부터 기원전 2세기까지 청동기 시대에 조성되었다.

고인돌은 전국 곳곳에 분포되어 있다. 특히 인천 강화군과 전북 고창군, 전남 화순군 일대에 밀집돼 있다. 그 엄청난 양과 중요성에 힘입어 세 지역의 지석묘들은 2000년 유네스코 세계유산에 등재되었다.

고인돌은 탁자식, 바둑판식, 개석식(蓋石式)으로 나뉜다. 탁자식은 받침돌을 높게 세우고 그 위에 넓적한 덮개돌을 올려놓은 것으로, 그 모양이 탁자 같다고 해서 이런 이름이 붙었다. 탁자식은 주로 한강 이북에 분포하기 때문에 북방식이라고 한다. 바둑판식은 작은 받침돌을 세우고 그 위에 덮개돌을 올려놓은 것으로, 바둑판을 연상시킨다. 한강 이남에 집중되어 있기 때문에 남방식이라고도 한다. 개석식은 아예 받침돌이 없다. 땅 속에 무덤방(석실)을 만들고 그 위에 덮개돌(개석)을 올려놓은 것이다. 언뜻 보면 무덤이라기보다 그냥 커다란 돌덩이 같다.

이 땅의 수많은 고인돌 가운데 가장 멋진 것을 꼽으라면 단연 인천 강화군 부근리 고인돌이다. 사적으로 지정된 이 고인돌은 웅장하면서도 날렵한 모습이다. 멀리서 보면 하나의 설치 미술 같다는 생각이 든다. 가까이 다가가면 거대하고 육중하다. 이 고인돌의 높이는 2.6미터로, 남한에 있는 탁자식 고인돌 가운데 가장 큰 편에 속한다. 화강암 덮개돌은 길이 6.5미터, 폭 5.2미터, 두께 1.2미터, 2개의 받침돌은 길이 4.5~4.6미터, 폭 1.4미터, 두께 66~80센티미터다. 덮개돌과 받침돌의 무게는 모두 합쳐 100톤에 달한다.

고창 고인돌 군집

수백 톤의 거대한 돌을
어떻게 옮겼을까

고인돌을 보고 있노라면 궁금증이 몰려온다. 수천 년 전 청동기 시대 사람들은 그 무거운 돌을 과연 어떻게 다듬고 어떻게 옮겼을까. 고고학자들의 추론을 따라 3단계로 나누어 살펴보자.

1단계, 돌의 채집 과정. 우선 바위에 구멍을 낸 뒤 구멍에 나무를 쐐기처럼 박는다. 그리고 그 나무에 물을 붓는다. 나무가 물을 먹으면 퉁퉁 불어나게 되고 그 팽창력이 바위를 압박한다. 바위는 나무의 팽창력을 이기지 못하고 결국 깨지고 만다. 고고학자들의 실험에 의하면, 한 사람이 하루에 1.5톤 정도의 바위를 떼어낼 수 있다고 한다. 이렇게 바위를 떼어낸 뒤 바위의 울퉁불퉁한 가장자리를 비교적 매끈하게 다듬었을 것이다. 실제 고인돌의 덮개돌을 보면 가장자리에서 구멍의 흔적이 발견된다.

2단계, 돌의 운반 과정. 바닥에 지름 10센티미터 정도의 통나무를 철도 레일처럼 두 줄로 평행하게 깐다. 그 위에 또 다른 통나무들을 가로질러 깔아놓는다. 그 통나무들 위에 채집한 바위를 올려놓고 줄로 묶어 앞에서 끌어당긴다. 맨 아래 두 줄의 통나무는 철로 역할을 하고, 그 위에 가로질러 놓은 통나무들이 바퀴 역할을 하면서 바위가 움직이게 된다. 전북 진안군 용담댐 수몰지구의 청동기 유적에선 통나무를 이용해 돌을 옮긴 흔적(통나무 바퀴의 흔적)이 실제로 확인되었다.

3단계, 받침돌 위에 덮개돌을 올리는 과정. 먼저 받침돌을 세운다. 이어 흙을 쌓아 받침돌을 덮어 싸고 둥근 무덤 모양 또는 작은 동산 모양의 흙더미를 만든다. 그 경사면을 이용해 덮개돌을 끌어올린다. 덮개돌을 받침돌 위쪽으로 올려놓으면 쌓았던 흙을 다시 제거한다. 그러면 지금 우리가 보는 탁자식 고인돌이 된다. 실제로 고인돌의 덮개돌과 받침돌 사이를 눈여겨보면 압착된 흙이 발견되곤 한다.

그렇다면 이런 방식으로 돌을 옮기는 데 과연 몇 명의 인력이 동원되었을까. 고대 이집트의 사료를 보면, 람세스 4세 때 약 60톤 무게의 석조물을 옮기는 데 90명의 남자가 동원되었다는 내용이 나온다. 국내외 고고학자들의 실험에 따르면 둥근 통나무를 깔아놓고 그 위에 약 1톤 무게의 돌을 올려 옮기는 데에는

강화 부근리 고인돌 　　　　　　　　　　고창 운곡리 고인돌

대략 10명의 성인 남자가 필요한 것으로 확인되었다.

　이것을 강화 부근리 고인돌에 적용해보자. 덮개돌과 받침돌 등 거대한 돌 3개의 무게는 약 100톤이니 이것들을 옮기는 데 1,000여 명의 남자가 동원되었을 것이다. 전북 고창 운곡리에 있는 21호 지석묘의 경우, 돌의 무게가 약 297톤이니 2,970여 명의 인력이 동원되었을 것이다.

　여기에서 좀 더 나아가보자. 청동기 시대, 거대한 돌을 옮기는 데 동원된 사람은 대부분 젊은 남자였을 것이다. 그럼, 당시 한 가구에 젊은 남자가 한 명 정도였으며 가구당 5명이 함께 살았다고 가정해보자. 고인돌을 만드는 데 100명이 동원되었다면 그 마을 주민은 500명이라고 추론할 수 있다. 1,000명이 동원되었으면 그 마을 주민은 5,000명이었다는 계산이 나온다.

다시 강화 부근리 고인돌로 돌아가보자. 1,000명이 동원되었으니 청동기 시대 강화 부근리 일대에는 최소한 5,000여 명이 살고 있었을 것이다. 그렇다면 이 고인돌의 주인공, 즉 무덤에 묻힌 사람은 5,000여 명에게 식량을 공급할 수 있는 경제력과 그들을 사회적으로 통제할 수 있는 정치력을 갖춘 사람이었을 것이다. 즉, 고인돌 무덤의 주인공은 보통 사람이 아닌 지배층이었다는 말이 된다.

고인돌의 무덤방에서는 무기류(석검, 화살촉, 청동검 등), 토기류, 각종 장신구과 청동기 등이 출토됐다. 무덤의 주인공들이 살아 있을 때 사용했던 물건들이다. 대부분 권력과 위상을 상징한다. 수백 혹은 수천 명을 동원할 힘을 갖추었던 사람이 세상을 떠나자 살아남은 사람들은 죽은 자의 권위를 기억하기 위해 그리고 죽은 자가 저승에서도 부와 권력과 영생을 누리기를 기원하기 위해 이런 것들을 함께 매장한 것이다.

언뜻 보면 그저 커다란 돌덩이 몇 개에 불과한 고인돌. 하지만 여기에 청동기 시대 사람들의 삶과 죽음은 물론이고 그 시대의 정치경제학이 고스란히 담겨 있다.

국보 및 문화유산 사진 목록

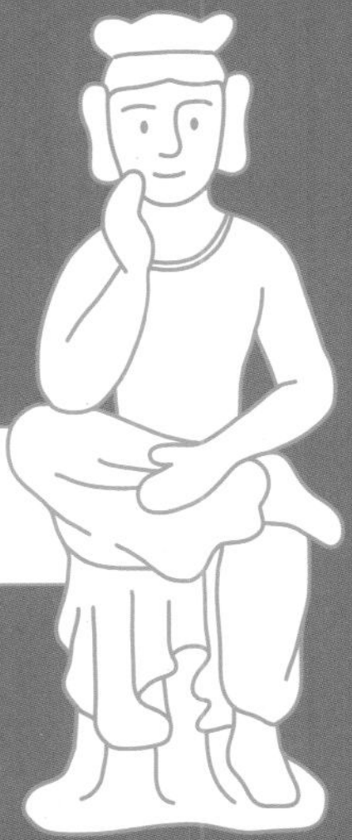

국보 및 문화유산 사진 목록

쪽수	사진 제목	사진 출처
15	숭례문 전경	국가유산청
17	숭례문 현판	국가유산청
17	옹성으로 둘러싸인 흥인지문	이광표
19	숭례문의 다포식 공포	이광표
25	《훈민정음해례본》	국가유산청
38	무위사 극락보전	이광표
39	무구정광대다라니경	국가유산청
41	창경궁 자격루 누기	국가유산청
45	동아대학교 석당박물관 소장본 〈동궐도〉	국가유산청
48	국보 한송사지 석조보살좌상	국가유산청
48	보물 한송사지 석조보살좌상	국가유산청
55	도기 기마인물형 명기	국가유산청
59	도기 기마인물형 뿔잔	국가유산청
62	서산 용현리 마애여래삼존상	이광표
71	공주 무령왕릉	이광표
73	무령왕 금제 관장식	국가유산청
73	무령왕비 금제 관장식	국가유산청
78	금동미륵보살반가사유상(1962-1)	국립중앙박물관
78	금동미륵보살반가사유상(1962-2)	국가유산청
83	불국사 대웅전에 이르는 청운교와 백운교	이광표
83	불국사 극락전에 이르는 연화교와 칠보교	이광표
90	수덕사 대웅전의 정면	이광표
90	수덕사 대웅전의 옆면	국가유산청
92	부석사 무량수전	이광표
92	솟구치는 듯한 무량수전 처마	이광표
94	〈윤두서 자화상〉	국가유산청
94	〈윤두서 자화상〉 적외선 촬영	국립중앙박물관
100	정선의 〈금강전도〉	국가유산청
100	정선의 〈금강내산도〉	국가유산청
100	정선의 〈인왕제색도〉	국가유산청
109	추사 김정희의 〈세한도〉	국가유산청
109	〈세한도〉 두루마리 앞부분에 적힌 '완당 세한도'	국가유산청
115	청자 상감구름학무늬 매병	국가유산청
116	청자 참외모양 병	국가유산청
119	1915년에 처음 만들어진 코카콜라 병 디자인	코카콜라 코리아 홈페이지

쪽수	사진 제목	사진 출처
121	청자 어룡모양 주전자, 청자 오리모양 연적, 청자 구룡모양 주전자, 청자 사자모양뚜껑 향로, 청자 기린모양뚜껑 향로, 청자 모자원숭이모양 연적	국가유산청
128	백자 철화포도무늬 항아리	국가유산청
130	백자 철화포도원숭이무늬 항아리	국가유산청
132	백자 달항아리	국가유산청
136	미륵사지석탑 수리 전 모습	국가유산청
136	미륵사지석탑 수리 후 모습	이광표
143	울주 대곡리 반구대 암각화	국가유산청
146	반구대 암각화 보호 카이네틱 댐 설치 예상도	국가유산청
149	울주 천전리 각석	국가유산청
153	황남대총 금관, 금관총 금관, 천마총 금관	국가유산청
154	천마총 금관의 관테와 세움장식 이음부	국립경주박물관
156	신라 고분 중에서 가장 규모가 큰 황남대총	이광표
161	다보탑, 석가탑	이광표
163	다채로운 장식의 다보탑 탑신 난간	이광표
166	경주 대릉원 고분들	이광표
166	금관과 〈천마도〉가 출토된 천마총	이광표
168	〈천마도〉, 〈천마도〉의 적외선 사진	국립경주박물관
171	첨성대 전체 모습, 첨성대 기단 부분, 첨성대 상부 정자석	이광표
177	에밀레종으로도 불리는 성덕대왕신종	이광표
179	성덕대왕신종 비천상, 성덕대왕신종 아랫부분, 성덕대왕신종 맨 위 용뉴 부분	이광표, 국가유산청
185	해인사 팔만대장경과 장경판전	국가유산청
186	16년에 걸쳐 제작된 팔만대장경 경판	국가유산청
186	장경판전 장경문	국가유산청
188	수다라장 앞면 환기창, 수다라장 뒷면 환기창	국가유산청
192	《조선왕조실록》 태백산 사고본	국가유산청
192	《조선왕조실록》 정족산 사고본 《성종실록》	국가유산청
195	《조선왕조실록》 교정본이 보관되어 있던 오대산 사고	국가유산청
199	자격루가 디자인된 옛 1만 원권	한국은행 화폐박물관
200	현재 국립고궁박물관에 전시된 창경궁 자격루 누기	이광표
201	복원된 자격루의 모습	이광표
209	고창 고인돌 군집	국가유산청
211	강화 부근리 고인돌	이광표
211	고창 운곡리 고인돌	국가유산청

국보 및 문화유산 사진 목록

재밌어서 밤새 읽는
국보 이야기 1

1판 1쇄 인쇄 | 2024년 3월 7일
1판 1쇄 발행 | 2024년 3월 22일

지은이 | 이광표

발행인 | 김기중
주간 | 신선영
편집 | 백수연, 정진숙
마케팅 | 김신정, 김보미
경영지원 | 홍운선
펴낸곳 | 도서출판 더숲
주소 | 서울시 마포구 동교로 43-1 (04018)
전화 | 02-3141-8301
팩스 | 02-3141-8303
이메일 | info@theforestbook.co.kr
페이스북 ·인스타그램 | @theforestbook
출판신고 | 2009년 3월 30일 제 2009-000062호

ISBN 979-11-92444-85-7 04910
　　　979-11-92444-84-0(세트)